Scheinwelten Die Geschichte der Perspektive

Christoph Geyer, Computer-Perspektive. 1991
Ausblick in die Zukunft, im Grenzbereich zwischen traditionellen Bildträgern und psycho-visuellem Erlebnis.

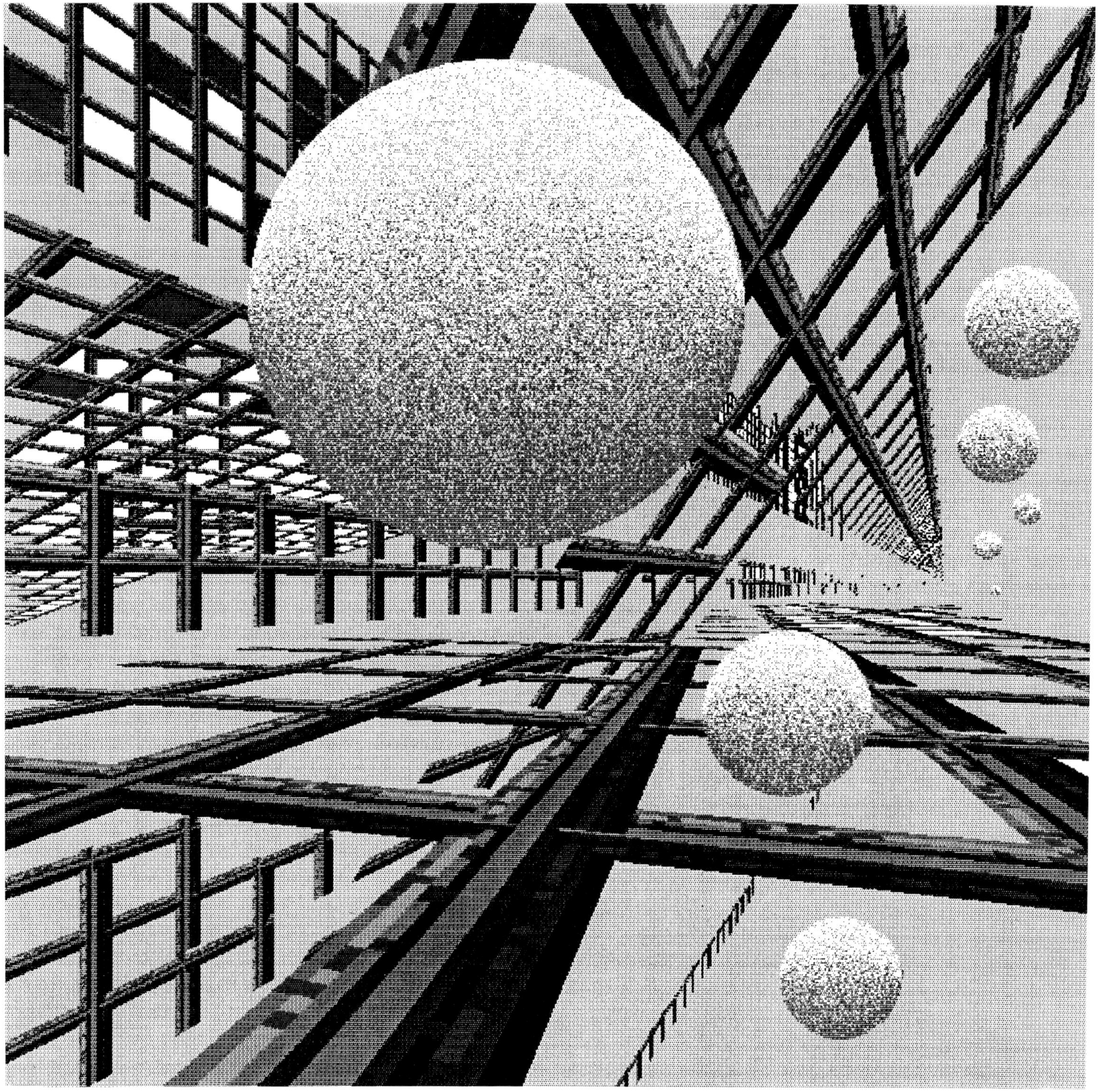

Bernhard
Geyer

SCHEIN
WELTEN

Die Geschichte
der Perspektive

E. A. Seemann
Leipzig

Die Deutsche Bibliothek – CIP-Einheitsaufnahme
Scheinwelten : die Geschichte der Perspektive /
Bernhard Geyer. – Leipzig : Seemann, 1994
NE: Geyer, Bernhard

ISBN 3-363-00590-3

Gestaltung: Dietmar Kunz, Leipzig
Printed in Germany
Satz und Reproduktion:
Förster & Borries Satz-Repro-GmbH Zwickau
Druck- und Bindearbeiten:
Druckerei Fortschritt, Erfurt

Inhaltsverzeichnis

Wenn wir auf die künstlerische Perspektive blicken und die Frage stellen, wie die Wahrnehmung von Körper und Raum zustandekommt, gehen wir fehl, wenn wir uns hierbei allein auf das optische Erlebnis beziehen. Auch das Gehör ist beteiligt sowie mehr oder minder intensiv der Tastsinn, die Haut. Das erstere läßt die Besonderheit des jeweils vorhandenen akustischen Rahmens mit einfließen, während der Tastsinn die Bewegung der Luft, deren Temperatur und Feuchtigkeit sowie die reflektierende Wirkung der Raumbegrenzungen wahrnimmt. In ähnlicher Weise vermag sogar der Geruchssinn zum Erlebnis beizutragen. Doch ist damit nicht gesagt, daß die Sinnesorgane allein das ihre zum Gesamterlebnis einbringen; die mit der Person des Betrachters verbundenen geistigen Faktoren spielen ebenfalls mit. Es fließen dessen Erfahrungen ein, seine Wertvorstellungen, ja sogar seine Stimmungen. Somit kann unser Wahrnehmungsbild immer nur ein sehr subjektives sein, das von vielen inneren und äußeren Einflüssen mit geprägt wird. Mag sein, daß dies ein Mangel ist - andererseits aber gewinnt das menschliche Bilderlebnis dadurch an Qualität, die weder eine Kamera noch eine perspektivische Darstellung je erreichen wird. Hinzu kommt, daß bei beiden die Bildaufnahme starr und in der Regel einäugig ist - zwei wesentliche Nachteile gegenüber dem Sehvermögen des Menschen. Seine Augen tasten mit großer Schnelligkeit den jeweils interessierenden Gegenstand ab; und sie fangen überdies zwei sich ergänzende Bilder ein, die unser Hirn zu einer körperlich-räumlichen Gesamtheit ergänzt.

Gehen wir in der Geschichte zurück, so finden wir die Perspektive im 15. und 16. Jahrhundert unter der italienischen Bezeichnung Prospettiva. In der Antike hingegen war es der Begriff Skenographia, der all das umschrieb, was wir mit räumlicher Darstellung meinen.

Die Suche nach den Ursprüngen der Perspektive reicht weit über die Antike hinaus. In einem kaum zu ermessenden Zeitraum der Menschheitsgeschichte nimmt die Perspektive ihren wechselvollen Weg. Seitdem man im 16. Jahrhundert Kunstgeschichte zu schreiben begann, hat man die Geschichte der Perspektive, veranlaßt durch archäologische Forschungsergebnisse, mehrfach revidieren müssen. Erst vor wenigen Jahrzehnten brachten Entdeckungen sowie kritische Überprüfungen neue Erkenntnisse. Seit etwa 300 Jahren drang man fortschreitend tiefer in die Vergangenheit jener vielfältigen Bestrebungen unserer Vorfahren, die auf sehr unterschiedlichen Wegen die eigentliche, die sogenannte Perspektive vorbereiteten, ein.

Der Geschichte der Perspektive werden wir nicht gerecht, wenn wir in ihr nur den verwickelten Werdegang einer Fertigkeit, einer Zeichen- und Malmethode sehen. Hingegen stand sie von ihren Ursprüngen an bis zu Beginn der Neuzeit in engstem, teils widersprüchlichem Zusammenhang zu den Verhaltensweisen wie zu den kultischen, religiösen, wissenschaftlichen und kulturellen Strömungen in der Menschheitsentwicklung. Dies können wir heute kaum noch ermessen, weil wir von Kindheit an mit der perspektivischen Darstellung vertraut sind. Noch weniger kann es uns gelingen, in der Perspektive einen Konfliktstoff für die Wissenschaft oder gar für die Religion zu sehen. Es bedarf einiger Schritte in Richtung auf die Denk- und Wahrnehmungsweisen, wie sie in früheren Jahrhunderten bestanden haben. Wir müssen uns dabei z. B. der Tatsache bewußt sein, daß es noch heute vereinzelte Naturvölker und Kulturkreise gibt, in denen die Zeichnung eines Tieres oder die eines Menschen als Zauberwerk betrachtet, ja gefürchtet wird. In weit zurückliegenden Zeiten gehörte die abbildende Darstellung meist der kultisch-mystischen Empfindungswelt der Menschen an.

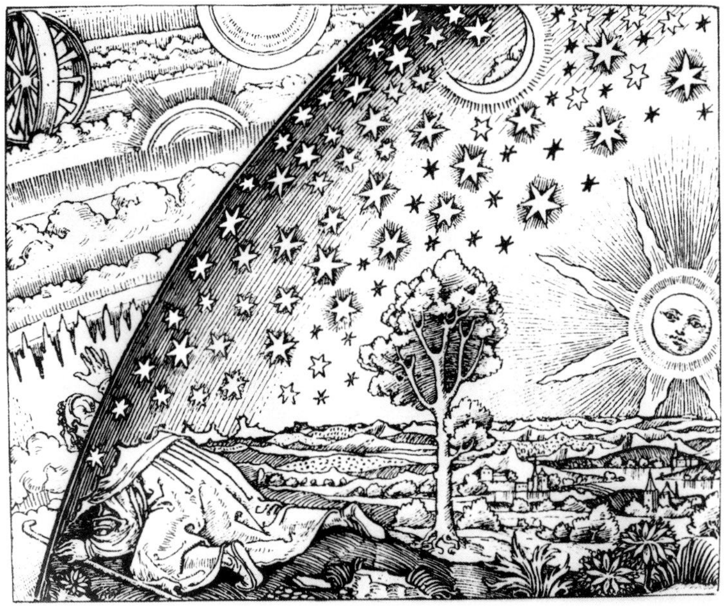

Der Himmelslochgucker. 1888, Holzschnitt im Stil um 1520. Bis 1974 irrtümlich als mittelalterlicher Holzschnitt betrachtet. Symbolische Darstellung der Durchbrechung des mittelalterlichen Weltbildes

Zweimal in ihrer Entwicklung ist die Perspektive auch aufs engste mit dem mathematisch-naturwissenschaftlichen Fortschritt verbunden gewesen: in der frühen griechischen Klassik und zu Beginn der Renaissance. Namentlich in diesen Zeiten stand sie zudem noch in einer sehr lebhaften Wechselbeziehung zu Religion und Philosophie. Daher widmen die Fachleute auf den Gebieten der Kulturgeschichte, der Geschichte, der Philosophie und der Naturwissenschaften dem Aufkommen der perspektivischen Darstellungsweise so viel Aufmerksamkeit und messen ihr eine weittragende Bedeutung bei. Ihnen gilt die Perspektive als das auslösende Moment für so manche revolutionäre Veränderung in den Geistes- wie in den Naturwissenschaften.

Das wiederholte Aufkommen der Perspektive in Antike und Neuzeit stand eng im Zusammenhang mit dem Auftreten neuer, sich widerstreitender Interpretationen der Wirklichkeit. Obwohl auf dem Boden künstlerischer Darstellung erwachsen, war die Suche nach neuen Erkenntnissen in perspektivischer Darstellung ein Teil des Ringens um Naturerkenntnis. Zweimal im geschichtlichen Verlauf mußte sie sich durchsetzen und bewähren: als Skenographia vor etwa 2 500 Jahren gegen die Mythologie der Antike und vor etwa 600 Jahren als Prospettiva gegen die Dogmen der mittelalterlichen Scholastik. Und jedes Mal waren diese Siege Teil großer Entwicklungsschübe in den Natur- und Geisteswissenschaften - zugleich aber auch Ausgangspositionen zu triumphalen Höhepunkten in der Kunst.

Das Bild eines Gegenstandes, eines Raumes oder gar das eines lebenden Menschen auf dem Zeichen- oder Malgrund entstehen zu sehen, ist wohl immer ein Erlebnis - um so mehr, wenn dies von eigener Hand gelingt. Einem ganz elementaren Anliegen folgend, streben wir nach einer deutlichen Wiedergabe der Wirklichkeit, nach der bildlichen Darstellung ihrer Erscheinung und ihres Wesens. Ein solcher Anspruch an das gezeichnete oder gemalte Bild zielt vor allem auch auf Körperlichkeit und Räumlichkeit ab. Dies zu erreichen, gelingt dem heutigen Menschen allgemein im zweiten Lebensjahrzehnt, wenn auch die Bemühungen darum schon viel früher beginnen - manchmal bereits schon im vierten Lebensjahr und oftmals aus eigenem Antrieb. Der Weg vom einfachen Strichzeichen bis zur wirklichkeitsnahen Zeichnung ist ein Lernprozeß, der mit Hilfe Älterer bei den meisten Menschen in nur wenigen Jahren zum Ziel geführt wird. In der Menschheitsgeschichte dagegen bedurfte es dazu einer sehr langen Zeit.

Betrachten wir die etwa 200 000 Jahre einschließende Zeitspanne, deren es bedurfte, um den Menschen zu befähigen, zweidimensionale, räumlich wirkende Darstellungen zu schaffen. Und betrachten wir ferner den anschließenden Weg, der abermals fast 200 000 Jahre beanspruchte, bis Körper und Raum durch Menschenhand auf der Zeichnung oder auf dem Malgrund wirklichkeitsgetreu sichtbar gemacht werden konnten.

Dieses Ziel war vor etwa 2 500 Jahren erreicht. Doch neben der Freude und der Genugtuung über die gewonnenen Erkenntnisse gab es Scheu, Argwohn und Befangenheit - und sie wichen nicht, bis die Perspektive in der Zeit der Renaissance in das neuzeitliche Weltbild einging. Als faszinierendes Gestaltungsmittel in der Kunst und zugleich als neue mathematische Disziplin, später projektive Geometrie genannt, trat die Perspektive auf den Plan. Ihrem triumphalen Auftakt und ihrer bald erreichten höchsten Vollendung folgten allerdings Überdruß, zeitweilig sogar Verachtung, bis sie in unserer Zeit wieder eine angemessene Wertung als gestalterisches Ausdrucksmittel erfuhr.

An der Wiege der Kunst Als die ältesten Zeugnisse der Kunst, die Malereien und Plastiken der Eiszeit, gefunden wurden, faszinierte ihre Ausdrucksstärke. Ihre Schönheit in Farbe und Zeichnung war so beeindruckend, daß man zunächst an eine raffinierte, geniale Fälschung glaubte.

Viele dieser Wandmalereien zeigten Jagdszenen: Tiere in unterschiedlicher Größe, einige im Hintergrund, andere dagegen fast in Lebensgröße, den Vordergrund bildend. Jene Darstellungen gaben dadurch einen deutlichen Eindruck von der jeweils geringen oder weiten Entfernung der Tiere. Mit der Beobachtung, daß sich die Dinge bei zunehmender Entfernung verkleinern, hatten die eiszeitlichen Menschen bereits ein optisches Gesetz erfaßt und angewandt, das zugleich einen elementaren Grundsatz der Perspektive bildet. Diese Tatsache war so erstaunlich und für viele Fachleute so unbegreiflich, daß man in ihr einen weiteren Anlaß sah, die Glaubwürdigkeit der Entdeckung in Frage zu stellen.

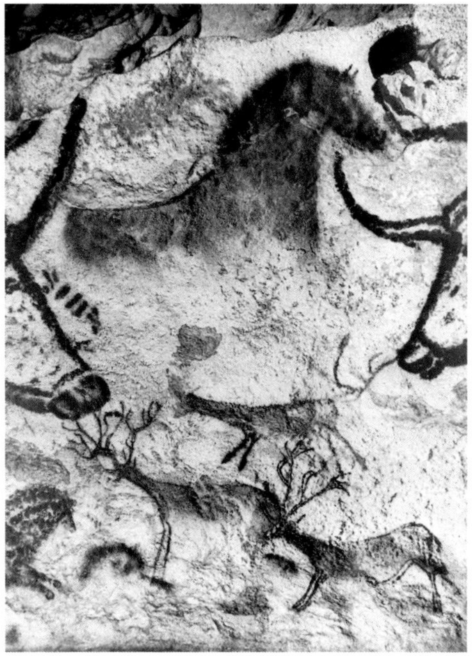

Eiszeitliche Höhlenmalereien aus Lascaux (Südfrankreich). Um 15 000 v. u. Z. Ältestes Beispiel der Perspektivvorstufe in einer ursprünglichen, kultisch-mystischen Wahrnehmungswelt

Heute bestehen über die Echtheit dieser Höhlenmalereien keine Zweifel mehr. Diese Darstellungen sind Zeugnisse von größter Bedeutung für die Menschheitsgeschichte, in ihnen liegt der Urbeginn der bildnerischen Betätigung des Menschen, ja der Urbeginn der Kunst schlechthin.

Es erscheint rätselhaft, wie in jener grauen Vorzeit, in der die Menschen unter schwierigsten Bedingungen lebten, Bildwerke von solch erstaunlicher Qualität entstehen konnten.

Dieses Rätsel findet nach heutigen archäologischen Erkenntnissen seine Erklärung. In eine kalte, karge und äußerst bedrohliche Natur gestellt, war das Dasein der eiszeitlichen Vorfahren ständiger, erbitterter Kampf ums Überleben. In einer solchen Lage mußte ihnen Mut wie Angst gleichermaßen erwachsen, ebenso aber auch geistige Kraft. Den Gefahren setzte man den Kult entgegen: Götter, Zauberei und Beschwörung.

So war denn auch die Darstellung von lebenden Wesen gewissermaßen eine Form der Gewaltanwendung. Mit der Zeichnung schlug man den Gegner in den Bann, suchte Macht über ihn zu gewinnen, fühlte sich als Sieger, der Angriff oder Flucht zu vereiteln verstand. Mit Gewißheit waren jene frühen Darstellungen magische Waffen, sie waren besondere Mittel im Überlebenskampf, waren Beschwörung der Jagdbeute.

Nachdem vor mehr als 600 000 Jahren der Mensch als denkendes Wesen in der Weltgeschichte erschien, dauerte es 300 000 Jahre, bis es ihm gelang, durch einfachste Strichgebilde Informationen an andere Menschen weiterzugeben. Sie waren noch keine Zeichnungen, sondern nur Signa, wie Fachleute sie nennen. Erste menschliche Zeichnungen folgten erst etwa 200 000 Jahre später. Danach mußten wiederum etwa 20 000 Jahre vergehen, bis es der Mensch verstand, nicht nur Dinge als bloße Information darzustellen, sondern seinen Zeichnungen und Malereien künstlerische Qualität zu verleihen und in einigen von ihnen sogar die räumlichen Verhältnisse sichtbar werden zu lassen, die die Dinge zueinander hatten - Nähe und Ferne durch Größe und Kleinheit. Für den eiszeitlich-altsteinzeitlichen Jäger und Sammler war das im Vordergrund befindliche wie auch das entfernter stehende Wild ebenso von äußerstem Interesse wie die Entfernung von Tieren, flüchtenden wie angreifenden. Dies und die Notwendigkeit, durch intensives Beobachten der Jagdtiere deren Verhalten zu ergründen, mögen dazu beigetragen haben, daß jene Darstellungen eine bedeutende künstlerische Stufe erreichten. Die im französisch-spanischen Raum lebenden Menschen der jüngsten Altsteinzeit - sie reichte annähernd vom 30. bis zum 10. Jahrtausend v. u. Z. - mußten intelligent und gefühlsstark gewesen sein, Eigenschaften als Notwendigkeit zum Überleben. Den tiefen künstlerischen Eindruck, den unzweifelhaft jene Höhlenmalereien auf den gegenwärtigen Betrachter hinterlassen, führte zu der Vermutung, daß neben dem bannenden, abwehrenden und den Erfolg beschwörenden Charakter der Malereien ein natürliches Schönheitsempfinden von einer gewissen Bedeutung war. Der Vergleich zu unserer frühkindlichen Phantasie und zur Ursprünglichkeit, die in diesem Lebensabschnitt meist so eindrucksvoll und stark hervortritt, liegt nahe. Eine Bestätigung für diese Annahme besteht in der universellen Funktion, die der prähistorischen Kunst bei der Bewältigung der Lebenswirklichkeit zukam.

Wandmalereien aus den Pharaonengrabmälern, Winzer und Vogelfänger. Theben (Ägypten). Grab des Nacht, Malerei des ersten Raumes. Regierungszeit Thutmosis' IV. Neues Reich, 18. Dynastie, 14. Jh. v. u. Z.
Die Schrägvorstellung ermöglichte, mehrere gleiche Dinge hintereinanderstehend abzubilden - eine Vorstufe der Axonometrie.

Die gebräuchlichsten Axonometrien

Der zweite Schritt - die unechte Perspektive Wie die Höhlen Südfrankreichs und Nordspaniens erwiesen sich auch die jahrtausendelang verborgenen Grabkammern ägyptischer Herrscher und Würdenträger als Bewahrungsorte großartiger Zeitzeugnisse. Unter anderem enthielten sie Malereien, die erstmals eine weitere Vorstufe der perspektivischen Darstellungsweise zeigten. Zwischen ihrer Entstehungszeit und der jener eiszeitlichen Tierbilder liegen etwa 10 000 Jahre.

Dieser zweite Schritt in der Entwicklung der Perspektive vollzog sich mit den ägyptischen Wandmalereien des Alten Reiches zu Beginn des 3. Jahrhunderts v. u. Z. Im Streben, mehrere gleiche Dinge nicht nur nebeneinander, sondern auch hintereinander abzubilden, fanden die Ägypter eine sehr einfache Art der Darstellung, indem sie Konturen des vorderen Gegenstandes seitlich in geringem Abstand ein- oder mehrfach nachzeichneten. Auf diese Weise entstand der optische Eindruck einer Reihe von Krügen, eines Pferdegespanns oder einer Menschengruppe, die sich in die Tiefe des Raumes staffelt. Beispiele solcher altägyptischer Wiedergaben fanden sich nicht nur im Inneren der Pyramiden, sondern auch in Felsengräbern.

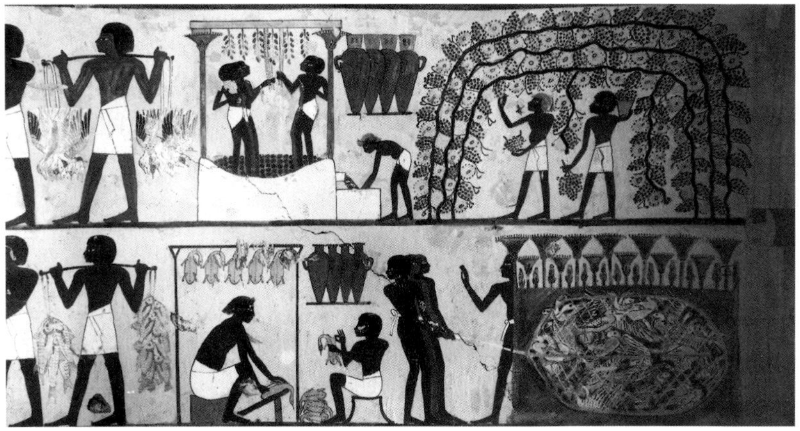

Die ägyptische Parallelverschiebung, auch Schrägvorstellung genannt, war eine Frühform der Axonometrie, die der Tiefenlinie noch entbehrte. Trotz dieser Einschränkung brachte sie nach ihrer Auffindung bei Künstlern und Wissenschaftlern des anbrechenden 19. Jahrhunderts vieles in Bewegung. Mit einem Schlage gerieten manche historischen Vorstellungen ins Wanken. Die Ursprünge der darstellenden Geometrie sowie der malerischen und graphischen Beherrschung von Körperlichkeit und Räumlichkeit fanden sich nun an anderen Orten und zu anderen Zeiten, als man bisher angenommen hatte, und zudem etwa 2 000 Jahre früher als bislang vermutet. Was hatte es mit dieser frühen Form der Axonometrie auf sich?

In der damaligen Zeit, für den damaligen Bildungsstand war sie ein bedeutender Schritt in der Entwicklung der Geometrie, erklärbar aus dem hohen Niveau des Wissens der alten Ägypter auf den Gebieten der Landvermessung und der Astronomie. Die Aufgabe axonometrischer Darstellung bestand in der wahrheitsgemäßen Wiedergabe damaliger Lebensprozesse.

Axonometrie, die schräge Parallelprojektion

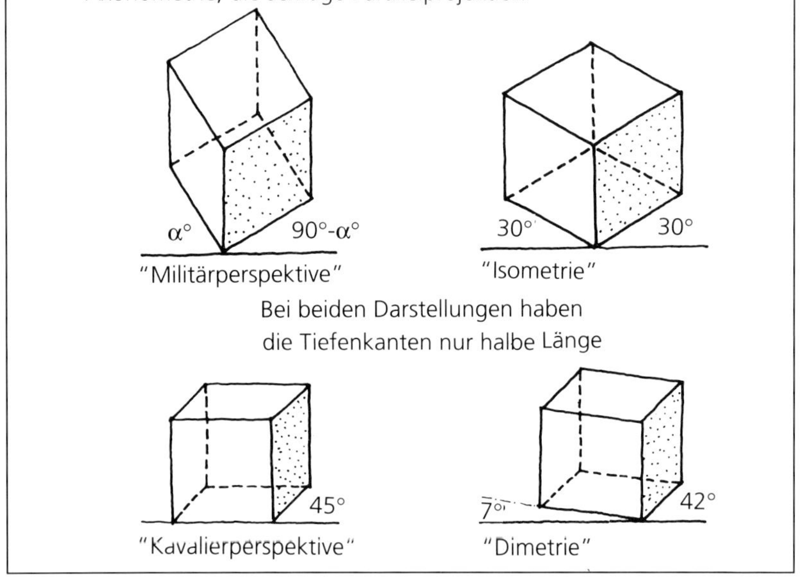

Dem aus dem Irdischen enthobenen Pharao mußte vieles, woran er gewöhnt war, mit ins Grab gegeben werden. Bei diesen Darstellungen war es den Lebenden wichtig, daß etwa die Anzahl der Dienenden und die der Gefäße ablesbar waren, ebenso die Anzahl der Pferdebeine des Gespanns.

Die altägyptische Malweise wurde, wie wir mit Sicherheit annehmen können, über See und über Land verbreitet. Gemeinsam mit der gleichaltrigen Hieroglyphenschrift und einer Reihe von anderen Erkenntnissen und Fähigkeiten der Ägypter erhielten die Nachbarvölker auch Kunde von der frühen Axonometrie. Dennoch verliefen die Entwicklungslinien der damals bestehenden Kulturkreise unterschiedlich. So fand die ägyptische räumliche Darstellungsmethode weder in Mesopotamien, in Vorderasien, in Kreta noch bei den fernen indischen Völkern oder in China Eingang. Zu große Unterschiede herrschten in der gesellschaftlichen Entwicklung, in der Religion und in der Tradition.

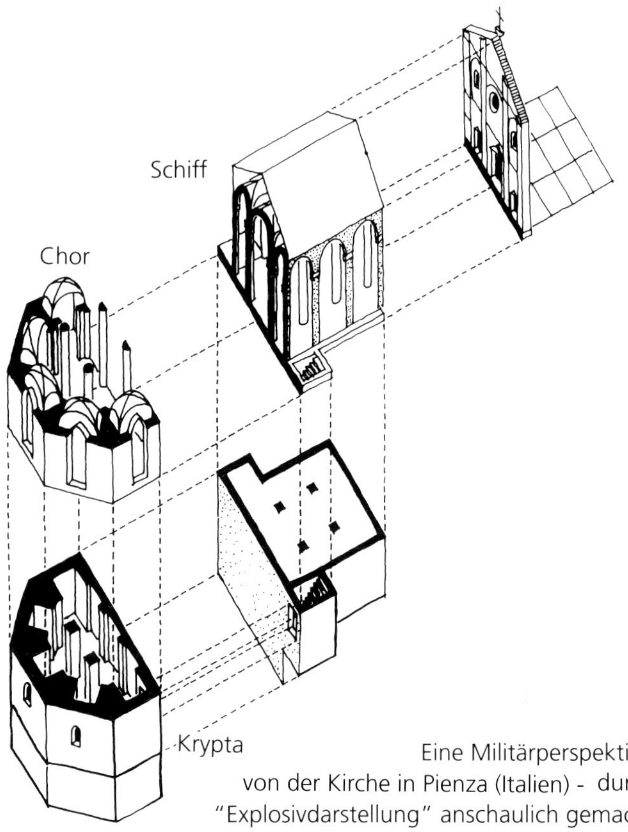

Eine Militärperspektive von der Kirche in Pienza (Italien) - durch "Explosivdarstellung" anschaulich gemacht

Wann aber und wo vollzog sich der Sprung von der Parallelverschiebung der Konturen, jener Frühform der Axonometrie, zur eigentlichen Axonometrie: der Anwendung von Tiefenlinien in paralleler Lage? Geschah dies noch zur Zeit der frühen ägyptischen Vorherrschaft - was wahrscheinlich ist - oder womöglich erst in der kretisch-mykenischen Epoche im 2. Jahrtausend v. u. Z.? Oder treffen die Vermutungen zu, nach denen es erst im 6. Jahrhundert v. u. Z. zur eigentlichen Axonometrie gekommen ist, als Milet noch das Zentrum der altgriechischen Geistes- und Wissenschaftsentwicklung war und dort auch die theoretische Basis der Geometrie geschaffen wurde? Denn damals lebte dort der als Monumentalmaler bezeichnete Kimon von Kleonai (um 520 v. u. Z.), dessen Erfindung die Verkürzung, vermutlich die Verkürzung der axonometrischen Tiefenlinien, gewesen sein soll.

Axonometrische Darstellung
Erhöhung des Aussagewertes durch räumlich-plastische Darstellung

Da Beweisstücke nicht bekannt wurden, bleiben nur Vermutungen, die allerdings die Annahme nahelegen, daß die Axonometrie nach dem Jahr 600 v. u. Z. in Ägypten, in Kreta, auf dem Peloponnes und in der kleinasiatischen Küstenregion bekannt geworden war. Aus der sehr einfachen Ursprungsform der Axonometrie ist im Laufe der Jahrhunderte in vielen Ländern des Mittelmeerraumes, und dort in mehreren Varianten, Vollkommeneres entstanden. Diese Axonometrie hat sich bis auf den heutigen Tag bewährt - wenn auch als unechte Per-

spektive mit vielerlei Unzulänglichkeiten. Ihre Vorzüge sind das einfache Verfahren und der geringe Arbeitsaufwand beim Konstruieren. Diese Nützlichkeit wird ihr vermutlich auch in Zukunft Anwendungsfelder sichern.
In Malerei und Graphik herrschten die Axonometrien jahrtausendelang - in manchen Kulturkreisen bis heute unumschränkt. Sie blieben z. B. in den mittel- und südeuropäischen Ländern bis zum Beginn der Neuzeit mit geringfügigen Ausnahmen das alleingültige Prinzip der räumlich-plastischen Darstellung. So verhält es sich auch mit der Architekturzeichnung; sie sichert bis in unsere Zeit hinein dem altehrwürdigen Verfahren genügend Anwendungsmöglichkeiten, während es Maler und Graphiker meist verwerfen. Demgegenüber wenden sich Vertreter moderner Fachgebiete der alten Axonometrie zu: Maschinen- und Werkzeugbauer, Technologen oder Designer. Bisher mit Zeichengerät und Reißzeug, nun aber schneller, sicherer und müheloser mit dem Computer, veranschaulicht die Axonometrie Zusammenhänge, die oftmals den Aussagewert von Worten und Zahlen weit übertrifft.

Blick in die Unendlichkeit Fast ohne Beweisstücke, dennoch gestützt auf sichere Anhaltspunkte, wissen wir heute von perspektivischen Malereien aus dem alten Griechenland. Der Philosoph Demokrit aus Abdera (um 460 - um 370 v. u. Z.) und der Mathematiker Euklid (um 365 - um 300 v. u. Z.), beide Bürger von Athen, erwähnten in ihren Schriften bewundernd derartige Werke. Vitruv (um 80 - um 10 v. u. Z.), römischer Architekturtheoretiker und Baumeister zur Zeit des Kaisers Augustus, kannte diese Aufzeichnungen und gab sie in seinen eigenen Schriften wieder. Sie besagen, daß der Dichter Aischylos (525 - 456 v. u. Z.) in den Jahren um 465 v. u. Z. einen Maler namens Agatharchos aus Samos beauftragte, für eines seiner dramatischen Werke ein Bühnenbild zu schaffen. Jener Künstler hatte damit einen außerordentlich anspruchsvollen Auftraggeber, von dem ein Biograph berichtet: »Als erster hat Aischylos durch heftige Leidenschaften die Kraft der Tragödie gesteigert, hat die Bühne ausgestaltet und die Augen der Zuschauer in Staunen versetzt durch Prachtentfaltung, durch Bühnenmalerei und Theatermaschinen, durch Altäre und Grabstätten...«.

Offensichtlich war die Arbeit des Agatharchos auf das beste gelungen, denn mit großem Lob wurde deren naturgetreue und räumlich überzeugende Wirkung erwähnt. Deshalb, so heißt es, habe der Künstler auch eine Abhandlung über diese damals völlig neuartige Malweise verfaßt.

Mit großer Wahrscheinlichkeit ist Agatharchos daher der Begründer der Fluchtpunktperspektive und damit der Zentralprojektion, der echten Perspektive. Durch diesen Schritt war die Axonometrie, die auch im alten Griechenland bereits lange bekannte Ursprungsform der Perspektive, übertroffen. Allerdings wurde die Abhandlung des Agatharchos bis auf den heutigen Tag nicht aufgefunden, aber man kann sie sicherlich als die älteste Perspektivlehre ansehen.

Im Zusammenhang mit dem Werk des Agatharchos wird auch der Name eines Zeitgenossen genannt, des im letzten Drittel des 5. Jahrhunderts v. u. Z. lebenden Malers Apollodoros aus Athen, dessen Figuren schattiert waren und auf diese Weise eine damals noch ungewohnte Plastizität aufwiesen. Er, der »Schattenmaler«, hatte offenbar Anteil an der Erfindung der Zentralprojektion. Außer diesen beiden Namen und einigen historischen Schilderungen ist auch die Kunde von weiteren theoretischen Schriften über das Fluchten der Tiefenlinien überliefert. Den Wortlaut kennen wir ebenfalls nicht.

Die neugefundene Art der räumlichen, naturgetreuen Darstellung fand ein begeistertes Echo, das bis in unsere Jahre widerhallte: »Krähen versuchten auf den gemalten Ziegelmauern des Bühnenbildes Fuß zu fassen«, so hieß es voller Anerkennung. An anderer Stelle rühmte man die vorzügliche Malweise des Zeuxis (um 430 v. u. Z.) mit der Schilderung: »Die Trauben waren so gut getroffen, daß die Vögel an ihnen pickten«. Lobesworte dieser Art bezogen sich jedoch nicht nur auf Agatharchos, Apollodoros und Zeuxis allein. Auch die Namen Polygnotos aus Thasos (um 450 v. u. Z.) und Apelles (um 350 v. u. Z.), beide hochgeschätzte Maler der Antike, wurden mit der neuen, der Natur zugewandten Darstellungsweise in Verbindung gebracht. Doch ist keine einzige ihrer theoretischen Abhandlungen zur Perspektive überkommen, ebenso kein Beispiel ihrer Malereien. Letztere waren, so heißt es, als Bühnenmalereien Ausstattungselemente der Amphitheater und auch anderer Bauten für die gemeinschaftliche Nutzung im altgriechischen Kulturkreis. Über die Jahrhunderte waren sie dem Verschleiß, der Verwitterung und kriegerischen Auseinandersetzungen ausgeliefert wie so viele andere unwiederbringliche Kunstwerke.

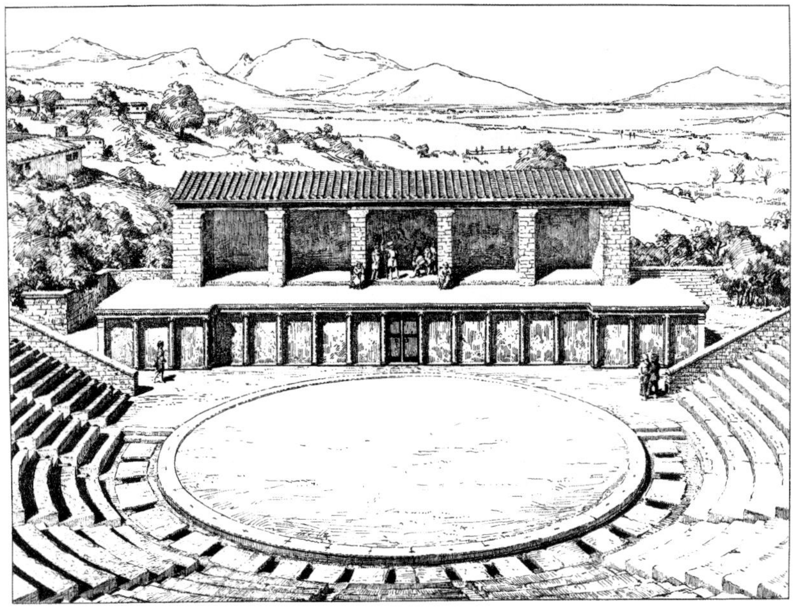

Ein griechisches Theater mit Skene. 219 v. u. Z. Bei der Vervollkommnung der Theatermalerei fand man die Fluchtpunktperspektive und die »Schattenmalerei«.

2 500 Jahre nach ihrem Ursprung in Ägypten erfuhren die Frühformen der Axonometrie ihre Weiterentwicklung zur Zentralprojektion. Sie, die echte Perspektive, war zunächst nur eine Neuerung des griechischen Theaters - was nicht verwundert, denn die dramatische Kunst war einer der stärksten Eckpfeiler der griechischen Kultur. Die Hervorhebung des Bühnenbildes von Agatharchos in den antiken Schriften bekundet unzweideutig, daß in ihm eine bedeutende Errungenschaft gesehen worden war - Kunst wie Wissenschaft gleichermaßen berührend, dem damaligen Denken und Fühlen wesensnah. Dieses Neue war weit mehr als nur die Erkenntnis, daß die Tiefenlinien von Körpern und Räumen im Unendlichen konvergieren und nicht parallel verlaufen. Es war Ausdruck einer ganz neuen Grundhaltung, die Welt und ihre Natur zu sehen. Es war Wesensmerkmal des in voller Blüte stehenden Griechentums - des perikleischen, des klassischen Zeitalters der Antike, genannt nach Perikles, dem führenden Politiker von Athen - zur gleichen Zeit, als Agatharchos sein erstes perspektivisches Bühnenbild malte. Mensch und Bild befanden sich in harmonischer Übereinstimmung, noch eingebettet im Glauben an vertraute, umgängliche Götter.

In den unmittelbaren Zusammenhang von Ort und Zeit dieser klassischen Epoche gehört auch Hippokrates von Chios (um 500 v. u. Z.), Verfasser des ersten Lehrbuches der Geometrie. Noch manche Namen aus Wissenschaft, Kunst und Politik jener Zeit wären zu nennen, die die Größe und Bedeutung des anbrechenden klassischen Zeitalters der Griechen bezeichnen. Zwei von ihnen gilt unser besonderes Interesse; sie standen der jungen Perspektive und der mit ihr verbundenen neuen Naturauffassung sehr nahe: Anaxagoras aus Klazomenai (um 500 bis 428 v. u. Z.) und Protagoras aus Abdera (um 485 - 415 v. u. Z.). Anaxagoras, Philosoph und Naturwissenschaftler, schuf der Überlieferung nach im Jahre 460 v. u. Z. die erste wissenschaftliche Theorie der Perspektive - fünf Jahre nach jenem Bühnenbild des Agatharchos. Auf Protagoras aus Abdera, einen demokratischen Philosophen, geht jener fundamentale Satz zurück: »Der Mensch ist das Maß aller Dinge«.

Betrachten wir nun den Erben von Hellas, das alte Rom. Lange bevor sich dieses Imperium voll entfalten konnte, lag es im unmittelbaren Einflußbereich der Griechen. Wandmalereien und viele weitere künstlerische Zeugnisse aus dieser Zeit sind uns glücklicherweise zahlreich erhalten. Die Wandmalereien zeigen, daß ihre Schöpfer den Fluchtpunkt anzuwenden verstanden - ja, daß sie es vermochten, mit der perspektivischen Tiefenwirkung einen ganz besonderen Reiz zu erzeugen.

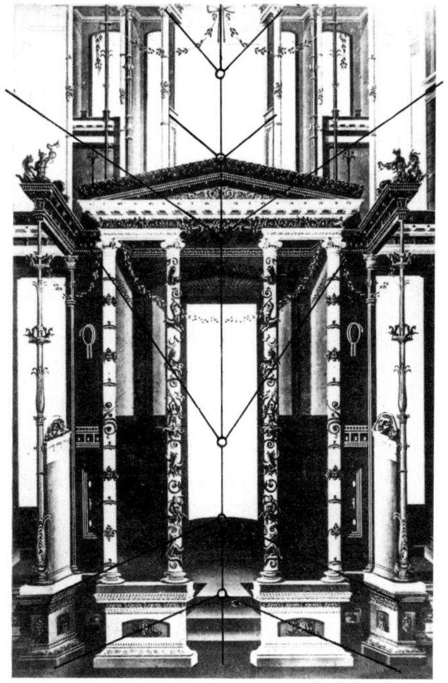

Wandmalerei aus Pompeji.
Um 70 u. Z.
Konstruktion mit Hilfe
von Fluchtpunkten
auf der Mittelachse

An freigelegten Bauten in Rom, weit mehr aber noch in Pompeji und Herculaneum, wo Asche, Schlamm und Lava von Vulkanausbrüchen die Stadt, die Häuser und sogar das einstige alltägliche Treiben konserviert hatten, fanden sich gegen Ende des 18. Jahrhunderts wahrhaft bezaubernde Malereien. Diese Wandgemälde, insbesondere die in Pompeji aufgefundene Darstellung einer Bühnenrückwand, die kurz vor der Verschüttung der Stadt am 24. August 79 gemalt worden sein muß, verstärken die Vermutung, daß so einst auch jene nach Agatharchos' Methode geschaffenen Bühnenbilder ausgesehen haben müssen. Diese sehr frühen Fluchtpunktperspektiven weisen fast ausnahmslos mehrere, auf einer Mittelachse, der sogenannten Fluchtachse, übereinander angeordnete Fluchtpunkte auf. Unser perspektivisch geschultes Auge verspürt diese Besonderheit jedoch kaum. So dürfen wir in ihr auch keineswegs einen Fehler sehen. Diese Verfahrensweise ist durchaus positiv als Alternative zum geometrisch starren Blickfeld zu bewerten. Hier zeigt sich das ungemein gut ausgebildete Vermögen der antiken Maler, überzeugend räumlich-körperliche Wirkungen auf dem Malgrund zu erreichen.

Dafür, daß jene theatralisch-perspektivischen Wandmalereien durchaus legitime Abkömmlinge der hellenistischen Bühnenmalereien sind, fand sich in jüngster Zeit ein Beweisstück: die Darstellung einer Skene, der Bühnenwand griechischer Theater, in Gestalt einer Vasenbemalung aus der Zeit vor 350 v. u. Z. Mit ihr haben wir das früheste Beispiel einer echten, d. h. einer Fluchtpunktperspektive, vor uns. Dieses Bild kam 1934 bei der Erforschung griechischer Theaterbauten zum Vorschein, fand aber im Hinblick auf seine Bedeutung für die Geschichte der Perspektive keine Beachtung. Doch ist es einer näheren Betrachtung wert.

Trotz der Schwierigkeit, die gewölbte Vasenwandungen der malenden Künstlerhand bereiten, zeigt die dekorative Wiedergabe einer Theaterszene perspektivische Gesetzmäßigkeiten. Es handelt sich um eine Froschperspektive mit fluchtenden Tiefenlinien des Dachgebälks wie auch der Türblätter, desgleichen um eine Verkürzung der etwas zurückgesetzten Gestalten. Daß es dabei zu Fluchtpunkten gekommen ist, die sich nicht exakt auf der Horizontlinie finden, ist offenbar durch die Krümmung der Vasenwandung bedingt; verständlicherweise war die Wirkung dieser Rundum-Bemalung vornehmlich auf die Sicht der Betrachter eingestellt. Dieses Beispiel gibt in seiner Ursprünglichkeit deutlich Aufschluß über den Entwicklungsweg, der bis zu den subtilen, an die Grenze des Dekadenten reichenden pompejanischen Wandbildern führt.

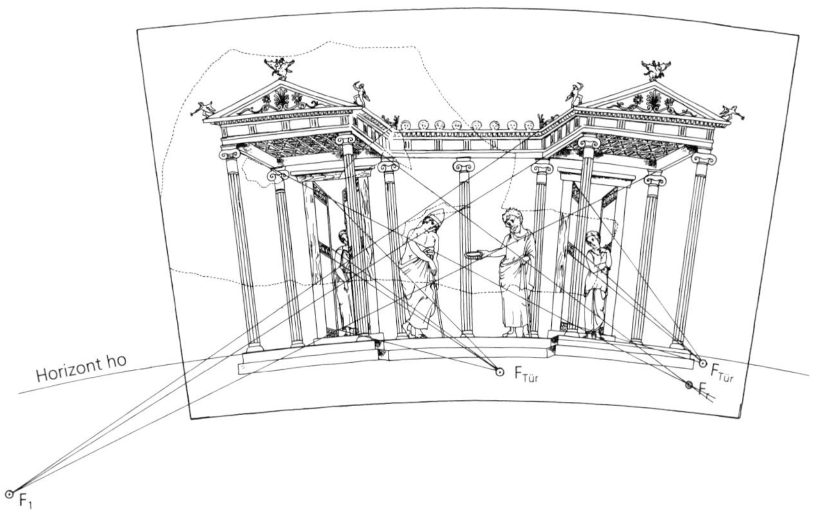

Rekonstruktion einer antiken Vasenbemalung
Die Gesetzmäßigkeiten der Fluchtpunktperspektive sind deutlich gemacht.

Neben der Methode des Agatharchos und seiner dazu verfaßten Darlegung gab es, wie bereits erwähnt, in der Antike noch weitere Theorien über das Fluchten der Tiefenlinien und zum Fluchtpunkt selbst. Es bestehen hierzu kaum methodische Widersprüche, wohl aber Zweifel grundsätzlicher Art. Unter den Gegnern befand sich kein Geringerer als der Philosoph Platon (427 - 347 v. u. Z.), Schüler des Sokrates (469 - 399 v. u. Z.) und Begründer der ersten Akademie. Er wandte sich gegen den Fluchtpunkt und dessen Anwendung als einer Methode, die die »wahren Maße der Dinge verzerrt« und deshalb Täuschung und Lüge sei - so wie er auch jegliche optische Erscheinung der Wirklichkeit in seinen berühmten »Dialogen« als unvollkommene Zerrbilder der Ideen, der allein ewigen Urbilder ansah. Platon, von dem der Ausspruch überliefert wurde: »Kein der Geometrie Unkundiger soll mir über die Schwelle treten!«, nahm dennoch Anstoß am Fluchtpunkt, der die Unendlichkeit als einen geometrischen Fakt in die bildliche Darstellung und Vorstellung einbezog.

Er wie auch sein großer Nachfolger Aristoteles (um 389 - 322 v. u. Z.) wiesen dies leidenschaftlich von sich. Sie befanden sich dabei in voller Übereinstimmung mit dem damals allgemein herrschenden Weltverständnis. Für beide war der Raum endlich; nach ihrer Überzeugung überspannte er in Form einer mächtigen Halbkugel die ebene Erde.
Das jedoch, was die neue Zentralperspektive an Wirklichkeitsentsprechung aufzubringen vermochte, war für die Menschen jenes Jahrhunderts kaum zu erfassen, nur sehr schwer in ihre Empfindungswelt einzugliedern und in einer für uns unvorstellbaren Weise beunruhigend. Es wird daher nicht leicht gewesen sein, die neue Darstellungsmethode des Agatharchos anzuwenden. So wie es begeisterte Zustimmung gegeben haben mag, so stellten sich - gleich Platon - andere dagegen. Die römischen Beispiele aus der Zeit um Christi Geburt belegen jedoch, daß letztlich der Kampf zugunsten der neuen, der echten Perspektive entschieden wurde. Aus der antiken Bühnenkunst entstanden, wurde sie Skenographia genannt. Die Bezeichnung stammt vermutlich von Agatharchos selbst oder aus seiner Zeit; Vitruv übernahm sie in seinen Werken und verwendete sie in derselben Weise, wie es der griechische Urheber getan hatte. Skenographia stand seitdem nicht nur, wie ursprünglich, für die zeichnerisch-malerische Darstellung einer plastisch-räumlichen Bühnensituation, sondern umschloß auch die Wiedergabe von architektonischen Schöpfungen bis zum landschaftlichen Raum. Erst viel später - nahezu 2 500 Jahre nach jener Namensgebung - wurde der Begriff wieder enger gefaßt und nur auf die Szenengestaltung der Bühne, des Films und des Fernsehens, bezogen.
Es sind somit wahrscheinlich perspektivische Bühnenbilder, von denen die Rede ist und von denen Kopien oder nachempfundene Kompositionen aus römischer Zeit überliefert sind. Sie tragen fast alle den Charakter von Wanddekorationen. Diese Tatsache zeigt eine für uns recht bemerkenswerte Erkenntnis, die wir nur mit Widerstreben hinnehmen möchten, die Erkenntnis, daß jener jungen Fluchtpunktperspektive, der Skenographia, ein Zugang in die anspruchsvolle Kunst offenbar versperrt geblieben ist. Sie galt sehr wahrscheinlich im Altertum nur als nützliches Mittel der Bühnenkunst, als Dienerin der Theaterillusion, als Element in der Dekorationsmalerei. Dem in dieser Zeit bestehenden Kunstverständnis und den herrschenden Kunstansprüchen war sie nicht gemäß. Die Naturerkenntnis reflektierend, lief sie dem zeitgenössischen Streben nach Verallgemeinerung, man könnte sagen Abstraktion, in der bildenden Kunst zuwider und behinderte den gewünschten Ausdruck eines »über den Dingen stehenden« Empfindens.

So blieb der Skenographia der Rang als künstlerisches Ausdrucksmittel wohl zunächst auf lange Zeit versagt. Die neu gefundene raumdarstelllende Methode verbreitete sich durch Seefahrer und Kolonisten in allen Ländern des Mittelmeeres und in den Küstengebieten des Schwarzen Meeres. Von dort aus wurde sie auf den Wegen des Handels, des Krieges oder des Abenteuers weitergetragen. Sie gelangte auch zu den arabischen Völkern. Ihnen lag jedoch nicht daran, die abendländische Skenographia in Theater, Malerei oder Architektur anzuwenden - vielmehr interessierten sich arabische Mathematiker und Physiker für den Kern ihrer geometrischen und optischen Inhalte.
Soweit sich das alte griechische Reich und später das römische Imperium auch ausgebreitet hatten, von dem kostbaren Erbe auf dem Gebiet der Malerei, der Bühnengestaltung und der Architekturdarstellung überlebte in der langen Zeit und insbesondere während der vierhundertjährigen Völkerwanderung nahezu nichts. Nach deren Abschluß am Ende des 8. Jahrhunderts u. Z. war die Kultur der Antike weitgehend der Vergessenheit anheimgefallen.
Seßhaft geworden, erschlossen sich die zugewanderten Völker ihre Lebensbereiche und gestalteten sie neu. Sie waren »Völker tiefer Kulturstufe, nicht kulturlose Völker, sondern Völker einer frühen, anfänglichen Kultur«, wie es Richard Hamann (1879 - 1961) dargelegt hat. Dies erklärt, daß sie manchem vorgefundenen Kulturgut mit Toleranz und Achtung begegneten. Neben ihrem großen Verdienst, »einen neuen Anfang der Kulturwelt geschenkt und eine Entwicklung neu begonnen zu haben, steht die noch größere Leistung, mit der ganzen Fülle und dem ganzen Reichtum der alten Kultur die eigene Frühstufe durchtränkt zu haben«.

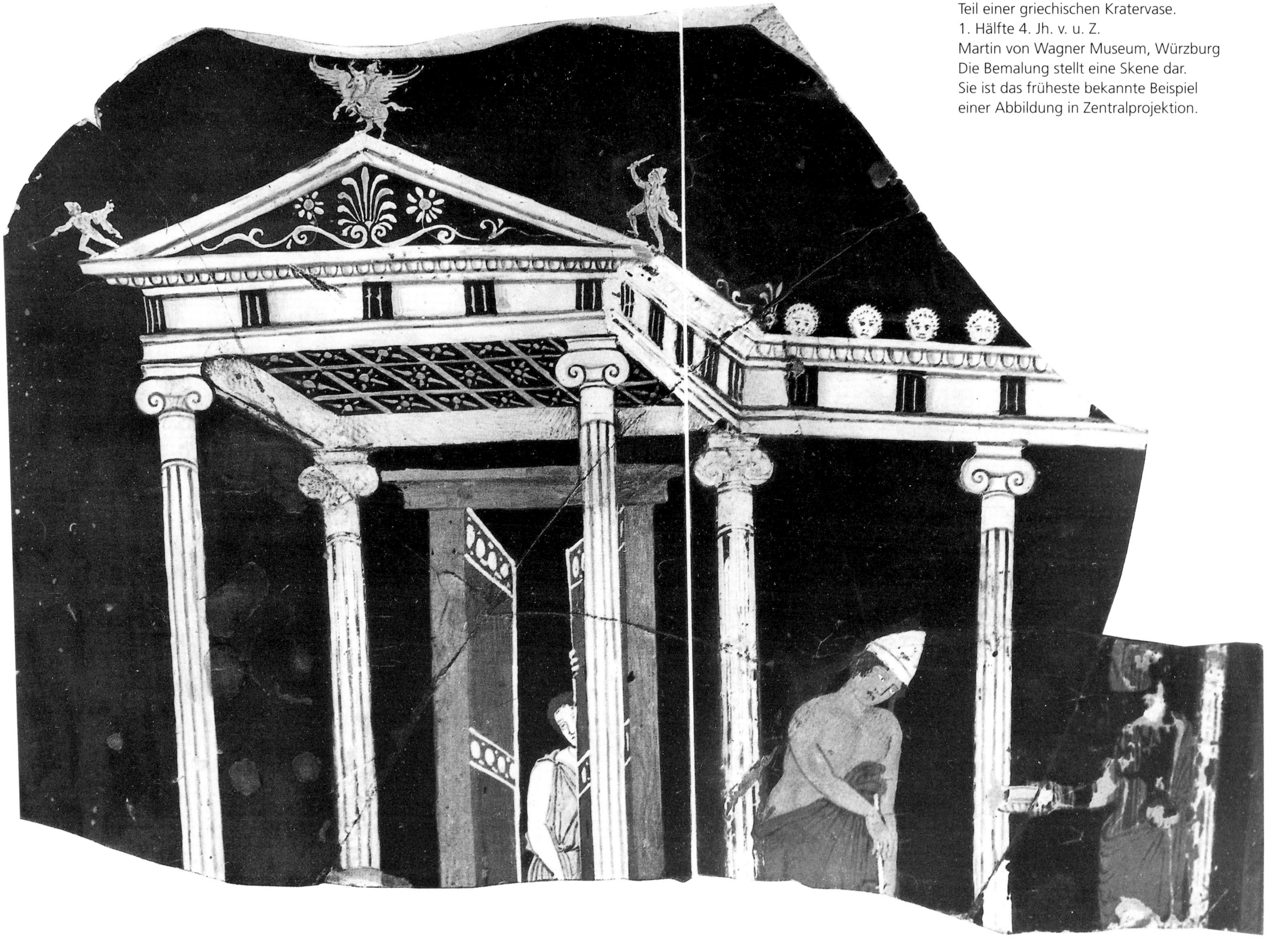

Teil einer griechischen Kratervase.
1. Hälfte 4. Jh. v. u. Z.
Martin von Wagner Museum, Würzburg
Die Bemalung stellt eine Skene dar.
Sie ist das früheste bekannte Beispiel
einer Abbildung in Zentralprojektion.

Die Skenographia - preisgegeben und vergessen Es ist verständlich, daß aus der Völkerwanderungszeit nur sehr weniges an Bildwerken erhalten blieb. Ein umso wertvollerer Teil des schmalen Erbes gehört der Buchkunst, der Miniaturmalerei an. In ihrer herben, verinnerlichten Art verzichteten die Buchmaler auf räumliche Tiefe und bevorzugten die flächige Anlage der Darstellung. Nicht aus Unvermögen verharrten die Künstler des Mittelalters bei den Vorstufen der Perspektive, sondern es war ein überzeugtes, ja demütiges Festhalten an überkommenen darstellerischen Grundsätzen. Die bildgestalterischen Absichten hatten eine andere Richtung - »man konnte nicht anders, weil man nicht anders wollte«, urteilte Wilhelm Worringer (1881 - 1965) zu dieser Frage in seinem Buch »Abstraktion und Einfühlung«.

Moses übergibt die Gesetzestafeln.
Buchmalerei aus der Alkunin-Bibel.
Um 830. London, British Museum
Darstellung mit einer »byzantinischen Decke«,
die im mittleren Bereich
deutlich den kritischen Punkt erkennen läßt.

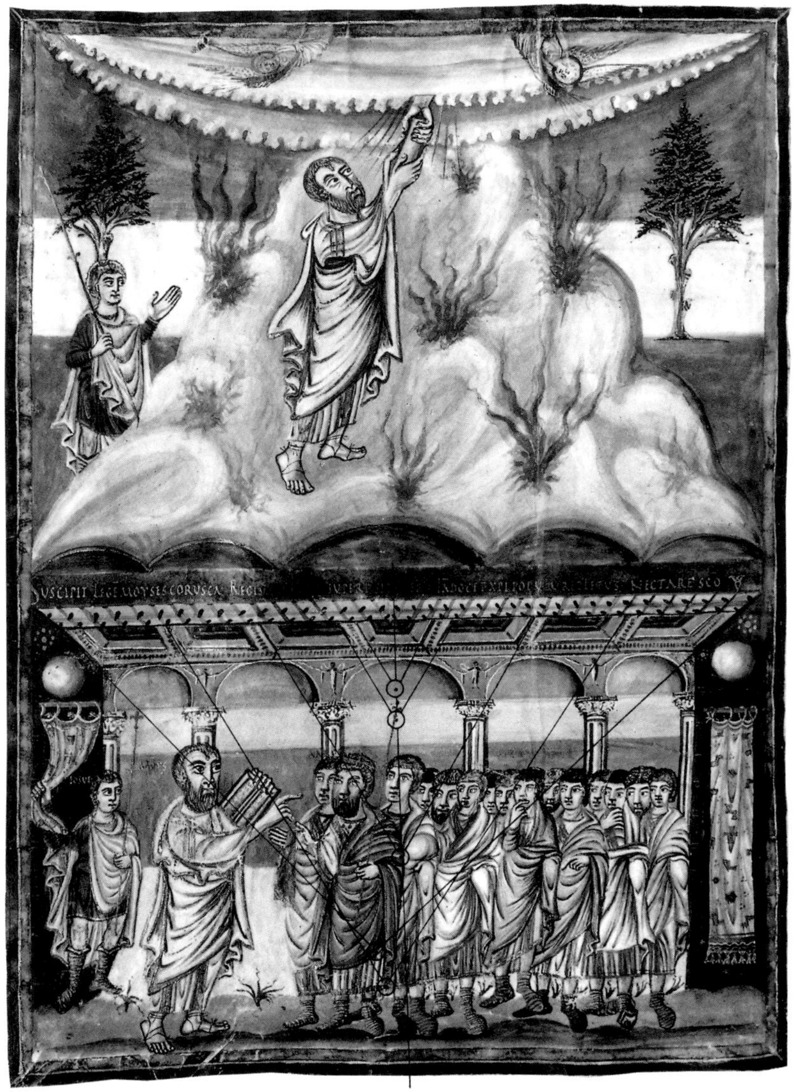

Hätte man auch die echte Perspektive damals gekannt, sie wäre dennoch verworfen worden als etwas in hohem Maße Ungemäßes, denn einer solchen Bildauffassung liefen die einstigen Denk- und Empfindungsweisen weitgehend zuwider. Der Kulturphilosoph und Kunsthistoriker Jacob Burckhardt (1818 - 1897) charakterisierte diesen über Jahrhunderte hinweg waltenden mittelalterlichen Zeitgeist in folgender Weise: »Der Schleier war gewoben aus Glauben, Kindesbefangenheit und Wahn«.

Räumlichkeit und Plastizität finden sich in der malerischen und zeichnerischen Kunst des Mittelalters daher selten. Meist sind Einfassungen oder Rahmungen gewählt worden, wenn die Bildfiguren räumlich eingebunden werden sollten.

Ein Versuch, die hellenistische Raumdarstellungsweise im Mittelalter wieder aufleben zu lassen, wurde uns bekannt; er mußte scheitern, so wie vermutlich auch andere. Der polnische Gelehrte Vitellio (oder Witelo) vollendete im Jahre 1275 ein Werk über die mathematisch-naturwissenschaftlichen Erkenntnisse seiner Zeit; beim Thema Optik findet auch der Fluchtpunkt Erwähnung. Namen griechischer Wissenschaftler von Rang werden in diesem Zusammenhang genannt, Euklid und Claudius Ptolemäus (um 100 - um 160). Mit ihren Lehren untermauerte Vitellio seine Aussagen, doch er zog auch arabisches Wissensgut heran. Das letztere verdient unsere Aufmerksamkeit und wirft Fragen auf. Sind es Araber, die das antike Wissen bewahrt, schließlich weitergegeben und womöglich gewahrt haben? Vieles spricht dafür. Wie auch an anderen Orten, so war in Córdoba, im Süden Spaniens, ein arabisches Zentrum der Wissenschaft und Kultur entstanden. Diese muslimische Universität hatte eine einzigartige Ausstrahlungskraft. Ihre geistigen Beziehungen reichten nachweislich nach Frankreich, Italien und England und sicherlich auch in weitere Länder zu vielen Gelehrten. Ohne Zweifel müssen wir in Vitellio einen der Mittler zwischen Orient und Okzident sehen. Seine Schrift wurde südlich und nördlich der Alpen an vielen Orten bekannt. Mit Sicherheit in England, vermutlich aber auch in Italien, Frankreich, Holland und in Deutschland rührte die Theorie vom Fluchtpunkt an die Vorstellungs- und Gedankenwelt der Maler, Architekten sowie der Theaterleute und bereitete den Boden für die weitere Entwicklung. Zur Zeit Vitellios stellte man eine Balkendecke, deren Kanten in die Tiefe des Raumes verliefen, axonometrisch dar, d. h., die Deckenfläche beschrieb ein Parallelogramm oder ein Trapez. Waren die Balken sichtbar, so verliefen ihre Kanten parallel zueinander - entweder schräg nach einer Seite hin oder fischgrätenförmig axial. Im letzteren Falle blieb in der oberen Deckenmitte ein eigentümlicher Zwickel übrig. Die räumliche Wirkung war dadurch hergestellt, aber sie erscheint unserem Auge als unvollkommen.

Eine bemerkenswerte Darstellungsweise in jenen Jahrhunderten bestand in der Anwendung der sogenannten Bedeutungsperspektive, die dann zustandekam, wenn die Hauptperson eines Bildwerkes größer als die übrigen Figuren gemalt, gezeichnet oder modelliert wurde. Wenn dadurch auch eine gewisse Tiefenwirkung zu verspüren war und damit Perspektivität, so war das eigentliche Ziel dieser Vergrößerung die Hervorhebung der besonderen Bedeutung eines Bildgegenstandes, meist einer Person. Demgemäß ist der Begriff Bedeutungsperspektive irreführend. Unter den mittelalterlichen Bemühungen, Körper und Raum in die Bildgestaltung einzubeziehen, verdient eine sehr eigentümliche Erscheinung unsere Aufmerksamkeit, die umgekehrte Perspektive. Bei ihr verlaufen die in die Tiefe des Bildes führenden Kantenlinien in auseinanderstrebenden Richtungen, sie divergieren. Es hat den Anschein, als ob der Fluchtpunkt vor der Bildebene gedacht worden sei, eine Darstellungsweise, bei der die Gesetzmäßigkeiten der optischen Wahrnehmung tatsächlich umgekehrt worden sind.

Suchen wir nach Erklärung und Beweggrund, so finden sich nur Vermutun-

Günther Zainer, Zwei Männer und eine Frau.
Holzschnitt aus »Ingolds Guldin Spiel«,
Augsburg 1472
Darstellung von Tisch und Bank in Umkehrung der optischen Gesetzmäßigkeiten. Der Fluchtpunkt scheint vor der Bildebene gedacht zu sein.

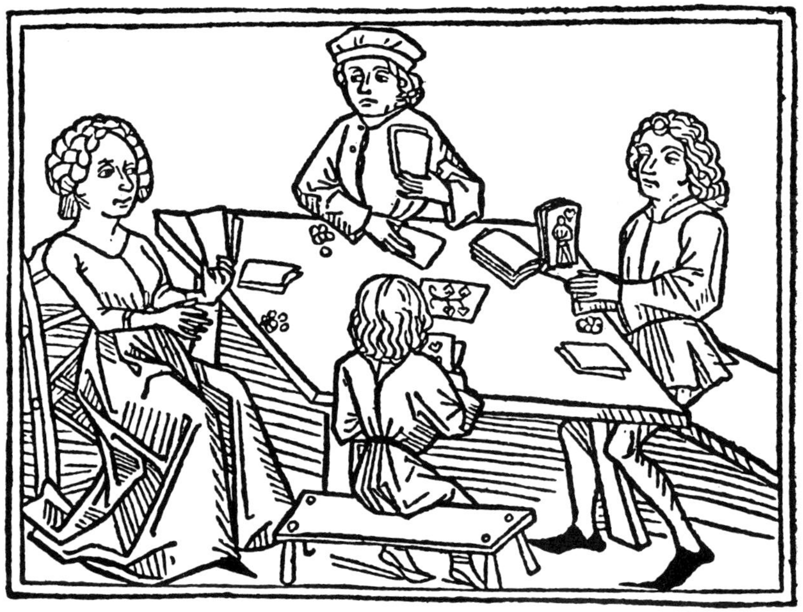

gen. Nahe liegt eine kindlich-ursprüngliche Bildauffassung und eine auf den Sinn und die Bedeutung des Dargestellten zwingend eingestellte Anschaulichkeit, wie sie auch an Kinderzeichnungen zu beobachten ist.

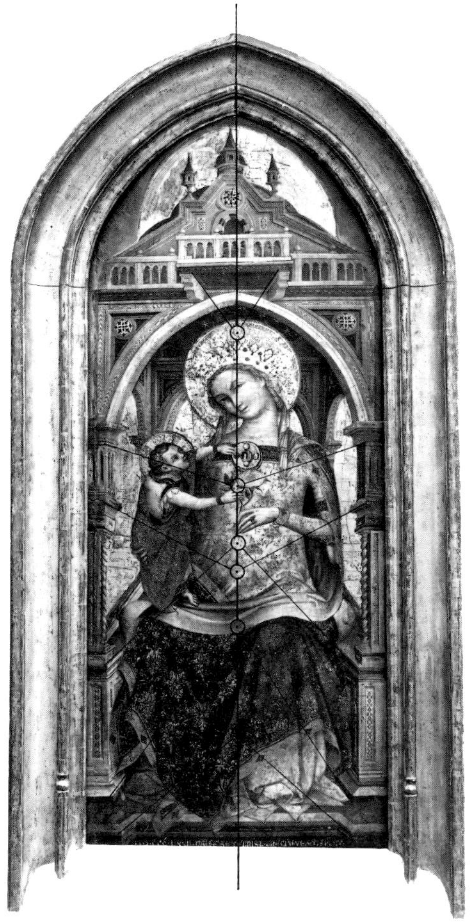

Lorenzo Veneziano, Madonna. Zwischen 1357 und 1379, Gemälde. Paris, Louvre
Es ist eine makellos erscheinende Frontalperspektive der anbrechenden Neuzeit - analysiert, zeigt die Darstellung jedoch mehrere Fluchtpunkte auf der Bildachse, ebenso wie schon dreizehn Jahrhunderte zuvor die Wandmalereien aus Pompeji.

Im 14. Jahrhundert endlich kündigte sich Neues an. Die Möglichkeiten der unechten wie der umgekehrten Perspektive erschöpften sich und wurden von den vorwärtsdrängenden Künstlern in zunehmender Weise als unzureichend empfunden. Es zeigte sich, insbesondere bei der Deckendarstellung, eine Hinwendung zur Fluchtpunktperspektive. Die schrägen Balkenkanten lösten sich aus der Parallelität und konvergierten auf eine Mittelachse zu. Noch war es kein Fluchtpunkt, sondern eher eine Fluchtachse, die zur Anwendung kam. Dem ersten Schritt folgte bald ein zweiter: Die Deckenbalken fluchteten nach einem Punkt - aber nur sie. Ein dritter Schritt führte zu einem weiteren Fluchtpunkt im Bild, zum Fluchtpunkt des Fußbodens. Auf der Mittelachse mancher Bilder findet sich zuweilen noch ein dritter und ein vierter Fluchtpunkt, den pompejanischen Dekorationsbildern ähnlich. Diese »Unzulänglichkeiten« in der räumlichen Darstellungsweise wirkten, je nach Geschick des Künstlers, in vielen Fällen wie nahezu oder gänzlich aufgehoben (Abb. s. S. 30). Erscheinungen dieser Art waren jedoch nicht allgemein; nur wenige Künstler drängten mit solchen Vorstößen auf Erneuerung der Kunst. Ihr Streben galt sowohl der Befreiung aus den erstarrten Auffassungen der Scholastik einerseits als auch aus den engen künstlerischen Bindungen an den großen byzantinischen Nachbarn andererseits. Es trat eine Reihe anspruchsvoller Werke aus der Masse der spätmittelalterlichen Malerei hervor.

Diese Beispiele aber entsprechen in ihrer plastisch-räumlichen Durchbildung etwa jenem Entwicklungsstand der Perspektive, der bereits mehr als 1 000 Jahre vor ihnen in Rom, Pompeji und Herculaneum erreicht worden war und der noch weitere 500 Jahre unentdeckt blieb.

So kam die mittelalterliche Kunst ohne Perspektive aus, ohne deren körper- und raumerschließende Wirkung - ein Charakteristikum und gewiß kein Mangel.

Prospettiva - die Kunst hindurchzuschauen Aus dem nördlichen Italien, in der Zeit um 1300, sind die ersten neuzeitlichen Bestrebungen bekannt, die Flächigkeit der bildlichen Darstellung durch Mittel der Perspektive aufzuheben, um Körper und Raum wirkungsvoll hervortreten zu lassen. Große Künstlerpersönlichkeiten waren mit dieser Entwicklung verbunden. Ihnen ging es um das Sichtbarmachen der dritten Dimension als Ausdruck einer neuen Kunstauffassung, die aus einer vorwärtsdrängenden Einstellung zu Mensch, Natur und Gott erwachsen war. Unter diesen Neuerern, die vornehmlich in den Städten Florenz, Siena, Padua, Assisi und Venedig lebten, tritt Giotto di Bondone (um 1266 - 1337) als überragender Meister hervor. Sein Zeitgenosse Boccaccio (1313 - 1375) rühmte Giottos Genialität und die unvergleichliche Naturtreue seiner Werke, durch die er »jene Kunst wieder an das Licht heraufgeführt hatte, die viele Jahrhunderte lang begraben gewesen war«. 100 Jahre später äußerte auch Leon Battista Alberti (1404 - 1472), Künstler und Wissenschaftler von hohem Rang und erstaunlicher Universalität, Giotto habe in seinen Gemälden als erster »das Fenster zur Wirklichkeit aufgestoßen«. Alberti urteilte als profunder Kenner der perspektivischen Gesetzmäßigkeiten. Seiner Würdigung folgte in den Jahren um 1490 eine weitere Huldigung an Giotto, in Gestalt einer Gedenkmedaille mit dem Porträt des Malers. Auf der Rückseite findet sich folgender Text: »Ich bin der, durch dessen Verdienst die vergessene Kunst des Malens wieder belebt wurde, dessen Hand so fehlerlos wie geschickt war. Was meiner Kunst mangelt, mangelt auch der Natur: keinem anderen war es gegeben, mehr oder Besseres zu malen...«. Es ist kaum zu bezweifeln, daß dieser überschwengliche Text mit jener »vergessenen Kunst des Malens« nichts anderes gemeint hat als die Skenographia, deren antike Bezeichnung damals jedoch unbekannt war. Sie war es, die durch Giotto »wieder an das Licht heraufgeführt« worden war. Gewißheit hierüber gibt uns das Werk Giottos selbst. Unter seinen zahlreichen Gemälden zeigen mehrere einen für diese Zeit überraschend hohen Erkenntnisstand auf dem Gebiet der Perspektive. »Die Erscheinung des heiligen Franziskus in Arles« bezeugt dies in besonders eindrucksvoller Weise. Giotto malte das Bild wahrscheinlich in den Jahren 1515/17 als Bestandteil eines Freskenzyklus für die

Giotto, Die Erscheinung des hl. Franziskus in Arles. Nach 1317, Wandmalerei. Florenz, Santa Croce, Bardi-Kapelle
Der zentrale Fluchtpunkt: frühestes bekanntes Beispiel der neuzeitlichen Perspektive.

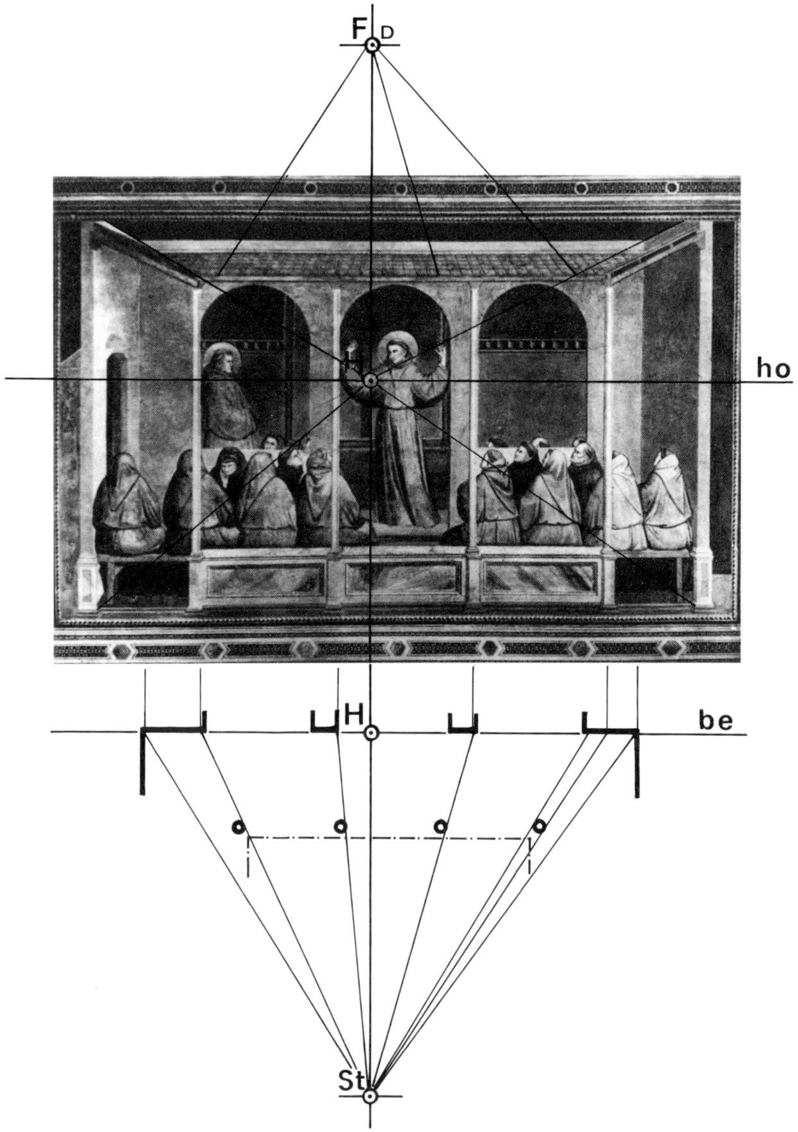

Bardi-Kapelle der Kirche Santa Croce in Florenz. Deutlich zeigt es bereits den einzigen, den zentralen Fluchtpunkt. Daher können wir es als das früheste bekannte Beispiel der neuzeitlichen, der exakten Perspektive ansehen. Auch aus einem anderen Grund müssen wir dem Gemälde eine hervorgehobene Stellung einräumen, denn es zeigt in seiner perspektivischen Qualität noch eine Besonderheit: Das Bild hat einen zentralen Fluchtpunkt, doch ist dieser ein wenig aus der Mittelachse des Raumes herausgerückt, wodurch die Strenge absoluter Symmetrie aufgehoben ist. Kompositorisch, im Hinblick auf die zweite Darstellung des Heiligen sowie auf die optisch richtige Verschiebung der schlanken Stützen des Atriumdaches, wirkt sich diese geringe Abweichung zwischen Raum- und Sichtachse sehr vorteilhaft aus - eine subtile, meisterliche Handhabung der Perspektive als Gestaltungsmittel. Ganz offensichtlich war für Giotto die Perspektive weniger eine technische Notwendigkeit als vielmehr eine künstlerische, eine geistige Frage. Beachtet man schließlich auch die Fluchtung der Dachstruktur, die geometrisch korrekt einem besonderen Schnittpunkt, dem Fluchtpunkt der geneigten Dachebene, zustrebt, so hebt sich dieses Bild unter den weiteren von Giotto geschaffenen Werken deutlich heraus. Sonst herrscht zumeist auch bei ihm noch die alte, orthodoxen Regeln unterworfene Gestaltungsweise vor.
Trotz der überragenden Leistung Giottos geschah es, daß Giorgio Vasari (1511 - 1574) einem späteren Künstler, dem Architekten und Bildhauer Filippo Brunelleschi (1377 - 1446), die Urheberschaft an der exakten Perspektive in folgender Weise zusprach: »Filippo beschäftigte sich viel mit Perspektive, worin man damals gar keine Übung hatte und eine Menge Dinge falsch ausführte. Auf dieses Studium verwandte er einen großen Teil seiner Zeit, bis er von sich aus eine vollkommen richtige Methode fand.« Obwohl auf einem Irrtum beruhend und anzweifelbar, galt diese Bemerkung Vasaris lange Zeit als unumstößlich; und noch heute findet sie sich in der Kunstliteratur. Immerhin lagen zwischen dem, was Vasari hier beschrieb, und dem Werk Giottos, das zu seinen Lebzeiten und darüber hinaus hochgeschätzt war, mehr als 200 Jahre. Vasari widmete Giotto ein gewichtiges Kapitel in seinem Buch »Die Lebensbeschreibungen der berühmtesten Maler, Bildhauer und Architekten«, das im Jahre 1550 erschien, und es ist seltsam, daß er, ein ungemein gebildeter wie berufserfahrener Maler, Architekt und Kunstchronist - selbst der Perspektivkonstruktion kundig -, gerade in dieser Hinsicht geirrt haben sollte. Es dürfte ihm schwerlich entgangen sein, daß Giotto schon etwa 100 Jahre vor Brunelleschi die Gesetze der Perspektive angewandt hatte.

Im Zusammenhang mit Brunelleschi gilt bis in unsere Zeit hinein ein Fresko als Erstling der exakten Perspektive: die »Heilige Dreifaltigkeit« von Masaccio (1401 - 1428), um 1427 in Florenz gemalt. Der Vergleich mit Giottos Bild läßt zunächst nur wenige Entsprechungen erkennen. Es ist der mehr als hundertjährige Zeitabstand und die darin begründete anders geartete Gedanken- und Gefühlswelt des ausgehenden Mittelalters, die aus der Herbheit und Verinnerlichung des Bildes von Giotto spricht. Ebenbürtig, vielleicht sogar überlegen erscheint es durch die beseelte Anwendung der Perspektive, die in Masaccios »Dreifaltigkeit« hingegen die Komposition mit Strenge beherrscht.

Masaccio, Die Heilige Dreifaltigkeit. Zwischen 1426 und 1428, Wandmalerei. Florenz, Santa Maria Novella
Jahrhundertelang galt dieses Bild irrtümlicherweise als der Erstling der exakten Fluchtpunktperspektive und damit als der wirkliche Beginn der Zentralprojektion.

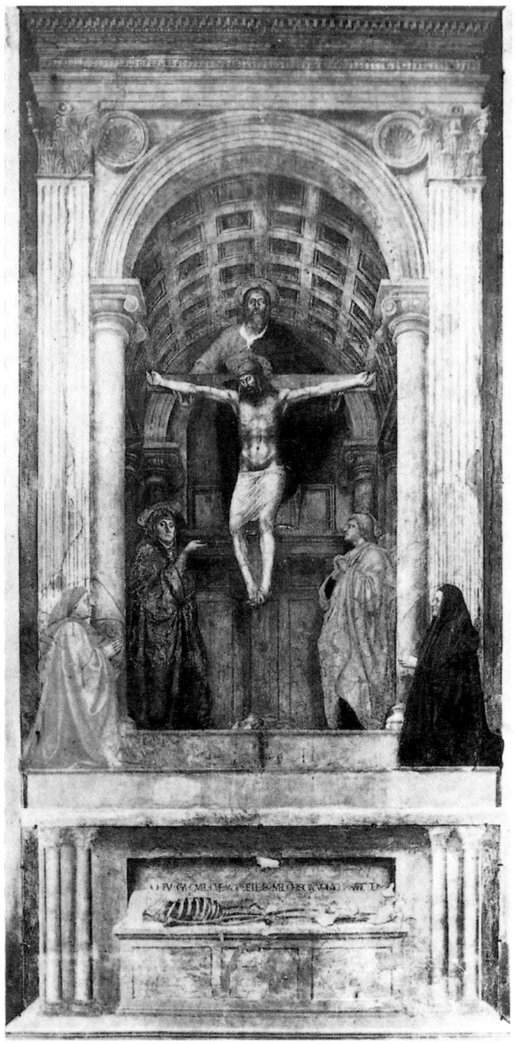

Giotto hatte einen hervorragenden Lehrmeister, Cimabue (um 1240 - vor 1303), war mit Dante Alighieri (1265 - 1321), dem größten Dichter Italiens, befreundet und wetteiferte mit dem genialen sienesischen Maler Duccio di Buoninsegna (um 1255 - 1319). Ihnen verdankte er vieles an Kunst, Wissen und schöpferischem Geist. Für die Überwindung der mittelalterlichen, namentlich der byzantischen Malweise gab ihm das Werk Cimabues zweifellos die ersten entscheidenden Anstöße. Duccio hingegen war ebenso wie Giottto den Gesetzen der Perspektive auf der Spur. Schon um 1310 dem Ziel sehr nahe, verwendete er Fluchtpunkte, allerdings gesondert für die Decke, für die Wände oder eine Tischfläche.

Wie viele andere Wissenschaftler und Künstler seiner Epoche hat auch Giotto mit Sicherheit an der Erforschung antiker Schriften und Zeitzeugnisse teilgenommen. Insbesondere im norditalienischen Raum entwickelte sich eine Rückbesinnung auf Erkenntnisse aus dem römischen und griechischen Altertum. Daß Giotto und vermutlich auch Duccio und andere die erkannten Gesetzmäßigkeiten und Verfahren der Zentralperspektive sowie ihre auf das Unendliche bezogenen Fluchtungen nicht preisgegeben haben, mag auf der einen Seite aus dem Konkurrenzverhalten der Künstler untereinander und der heftig rivalisierenden Stadtstaaten zu erklären sein. Auf der anderen Seite lief offensichtlich der scholastische Dogmatismus der Neuerung in der Bildauffassung und insbesondere deren Unendlichkeitsbezogenheit zuwider. Es wiederholte sich, was auch in der Antike zur Zeit des Agatharchos Anlaß zum Widerstand gegen die perspektivische Darstellungsweise gegeben hatte. Das entscheidende Kriterium für die Anwendung der Zentralprojektion, die Einbeziehung des Begriffes des Unendlichen, konnte sich in der antiken Frühklassik wie in der neuzeitlichen Protorenaissance nicht durchsetzen. So ist verständlich, daß erst nach deren Überwindung und in einer wirklichkeitszugewandten, entdeckungsfreudigen Zeit ein Mann wie Filippo Brunelleschi das Geheimnis lüften und den Triumph des Erfinders ernten konnte.

Ein erfolgreicher, hochgeschätzter Baumeister, in den bildenden Künsten wie in der Wissenschaft und Technik bewandert, galt er als ein Mann mit Geschäftsgeist, denn seine Zeitgenossen berichten, daß er seine Entdeckung auf dem Marktplatz darbot, den Staunenden Proben seines Könnens vorführte, seine Darstellungsmethode erläuterte, ja sogar bereitwillig Blätter mit den nötigen Anleitungen und Erklärungen den Wißbegierigen wie ein Marktschreier feilbot; das sei im Jahre 1401 so geschehen. Hingegen ist von Brunelleschi selbst kein einziges Exemplar als Zeugnis seiner perspektivischen Zeichenkunst überliefert. Aber wahrscheinlich ist, daß er seinem jüngeren Freund Masaccio Anleitung zu dessen Fresko »Heilige Dreifaltigkeit« gegeben oder gar die dafür notwendige Perspektivkonstruktion entworfen hat.

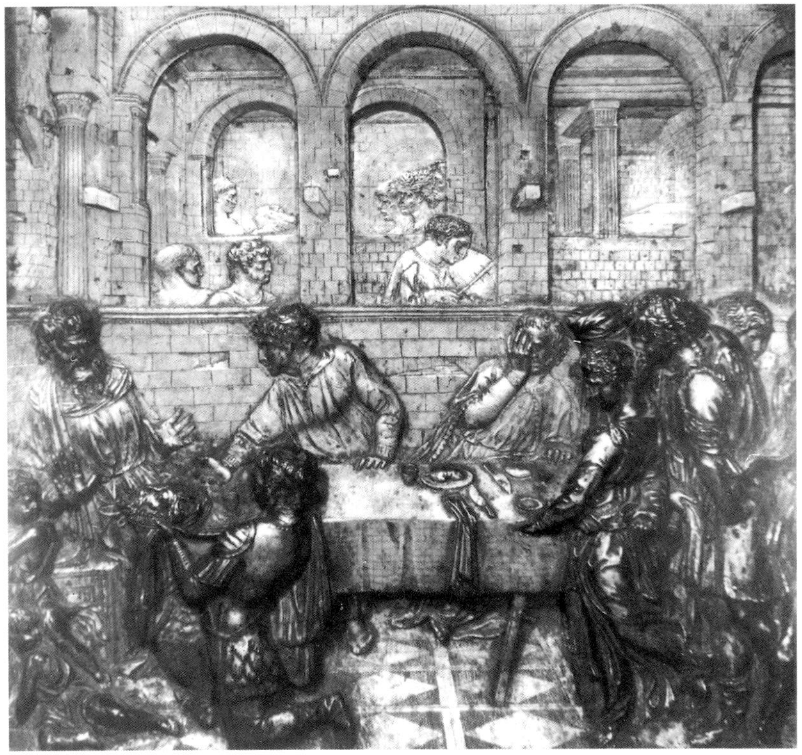

Donatello, Das Gastmahl des Herodes. 1425, Bronzerelief. Siena, Taufbrunnen des Baptisteriums Mit diesem Werk findet die exakte Perspektive Eingang in die Plastik; sicherlich beruhte dies auf der engen Freundschaft zwischen dem Künstler und Filippo Brunelleschi, dem Protagonisten der Zentralprojektion.

Der Bildhauer Donatello (1382 - 1466) war es, der die Methode Brunelleschis mit einer plastischen Arbeit, dem Bronzerelief »Das Gastmahl des Herodes« am Baptisterium zu Siena, aufgriff. Es entstand um das Jahr 1425, also zwei Jahre vor Masaccios »Dreifaltigkeit«, und gilt daher nach neueren Erkenntnissen als das erste Werk der Frührenaissance, in dem die wiederentdeckte Perspektive in der Praxis angewendet wurde. Beide Werke haben eine erstaunliche Gemeinsamkeit: sie zeigen bereits eindeutig illusionistische Wirkung, täuschen räumliche Erweiterungen in der Bildtiefe vor.

Alberti wiederum, hervorragend in der analytischen Durchdringung der Künste, lieferte im Jahre 1435 mit der ersten wissenschaftlichen Darlegung der neuen Methode wie auch mit der neuen Bezeichnung Prospettiva das theoretische Fundament. Und schließlich war es Piero della Francesca (um 1412 - 1492), der 1490, als erblindeter Greis, seinen Schülern die »Prospettiva pingendi«, die erste Perspektivlehre der Neuzeit, diktierte und so die methodischen Grundlagen schuf.

Die »Kunst hindurchzuschauen«, die Prospettiva, war nunmehr für Künstler und Wissenschaftler zu einem gesicherten Feld geworden.
Wie aber stand es um die Beweise, die Brunelleschis Urheberschaft an der Wiederentdeckung der Fluchtpunktperspektive oder zumindest sein Entdeckerrecht an der Methodik belegen? Wiederum ist man hierbei auf das Buch Vasaris angewiesen, der - 150 Jahre nach jenem Ereignis - von einem Verfahren berichtet, daß seine »Ableitung aus dem Grundriß, dem Aufriß und dem Querschnitt durch die Sehstrahlenpyramide« gefunden haben soll und auf Filippo Brunelleschi zurückzuführen sei.

Hubert und Jan van Eyck, Der Genter Altar.
Obere Tafeln in geschlossenem Zustand. Vor 1432, Gemälde. Gent, St. Bavo
Erste exakte Fluchtpunktperspektive nördlich der Alpen

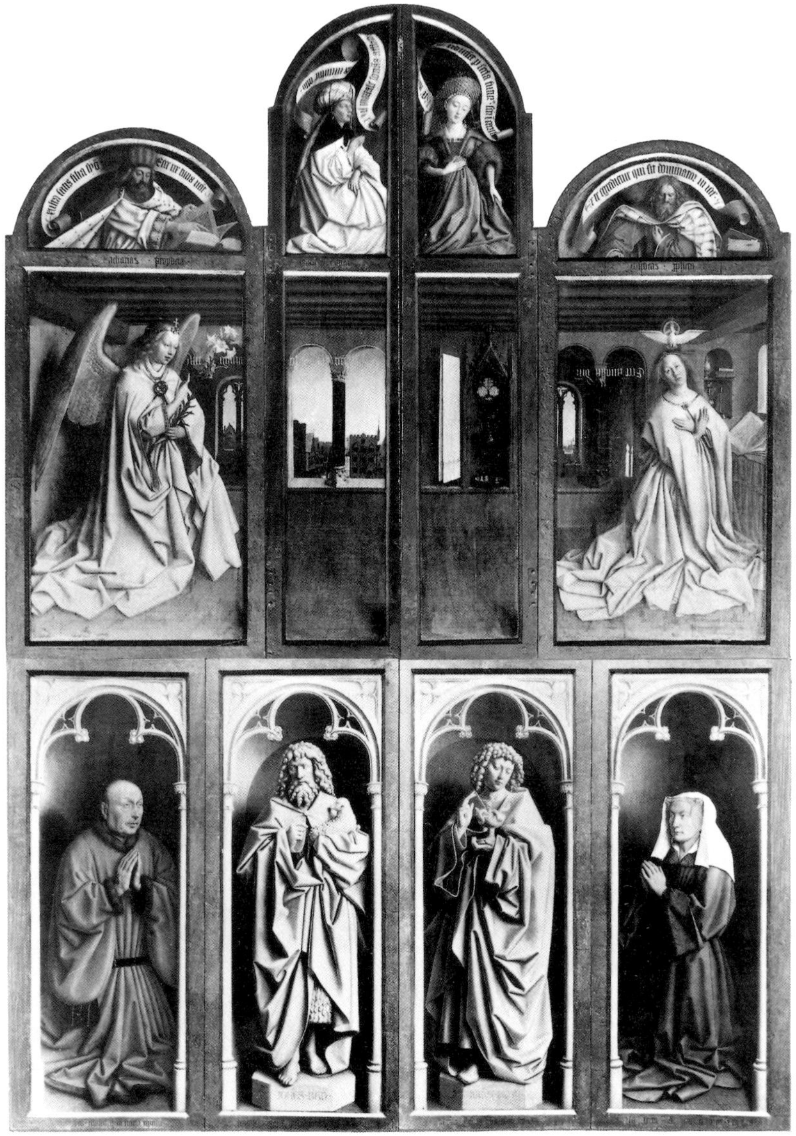

Der damals rege Handelsverkehr beförderte in Europa den Austausch von Informationen und Erkenntnissen aus Altertum und Gegenwart. In Córdoba, an der großen islamischen Universität im einst arabischen Spanien, wurden die Geometrie und die Optik des Arabers Alhazen (um 965 - um 1040) gelehrt. Im Norden war Oxford ein Zentrum der Wissenschaft. Ein Vorlesungsverzeichnis dieser Universität aus dem Jahre 1431 enthält die Fächer »Geometrie des Euklid« und »Skenographia des Vitellio«. Vitellios Schrift, die auch Alhazens Theorien enthielt, mag von England in die Niederlande und von dort nach Italien gekommen sein. Giotto, vielmehr jedoch Brunelleschi hätten sie erhalten haben können.
Vasari entgegentretend, schrieb der Kunsthistoriker Guido Joseph Kern (1878 - 1953) im Jahre 1912, Brunelleschi sei »keineswegs von sich aus« zu seiner Perspektive gekommen; unzweifelhaft »stützte er sich auf ältere Lehren und primitivere Konstruktionsmethoden«. Daß dies auch auf Giotto zutrifft, ist sehr wahrscheinlich. Das Beispiel beider Künstler, aber auch zahlreiche weitere Anhaltspunkte deuten darauf hin, daß die Entwicklung der Perspektive in wesentlichem Maße auf dem Boden antiker Erkenntnisse aufbauen konnte.
Zur Entdeckung der Perspektive soll noch ein weiteres Zeugnis in Betracht gezogen werden. Es ist ein Gemälde aus den Jahren 1425-1433, das die Erfinder der Perspektivkunst in einem Gruppenporträt vorführt. Dieses Bild, auch »Fünf-Männer-Bild« genannt, soll der Überlieferung nach als ersten Giotto, dann Paolo Uccello (um 1337 - 1475), Donatello, den Altertumsfor-

scher Gianozzo Manetti (1396 - 1459) sowie als fünften Brunelleschi darstellen. Wenn man der Interpretation des Werkes, das von Uccello oder Masaccio stammen soll, vertrauen darf, so wurde Giotto hier die Priorität an der Perspektive zugewiesen. Desgleichen kann aus der Einbeziehung Manettis der Schluß gezogen werden, daß das Wissen über die antike Skenographia eine Rolle gespielt haben mag. So entspricht das Bild, als malerischer historischer Bericht, heutiger Erkenntnis. Folgt man Vasari, so ist Italien das Land der neuzeitlichen Perspektivkunst. Dem steht jedoch entgegen, daß die flämischen Maler bereits um 1430, also fast gleichzeitig mit Brunelleschi und Donatello, zur Fluchtpunktperspektive gelangten. Sie verwandten den Begriff Deurzigtkunde, zu deutsch »Durchsichtkunde«, was der italienischen »Prospettiva« entspricht. Jene niederländische Malerei des frühen 15. Jahrhunderts weist durch ihre perspektivischen Qualitäten auf den »nördlichen Weg« beim Erwerb antiker Erkenntnisse und Theorien hin. Wie und wann mag die Skenographia in die Niederlande gefunden haben? Die Gebrüder Hubert und Jan van Eyck (um 1366 - 1426 bzw. um 1386 - 1441) stehen bei dieser Frage im Vordergrund. Ihr Hauptwerk, der Genter Altar, vollendet von Jan van Eyck im Jahre 1432, dokumentiert eine ebenso souveräne Beherrschung der neuen Methode, wie sie die Künstler aus dem Süden aufzuweisen hatten. So festigte sich die Gewißheit, daß die antiken Erkenntnisse der Skenographia auf beiden Wegen, dem südlichen wie dem nördlichen, in den europäischen Zentren der Kunst und Wissenschaft der anbrechenden Neuzeit Eingang fanden.

Frühformen der räumlichen Darstellung

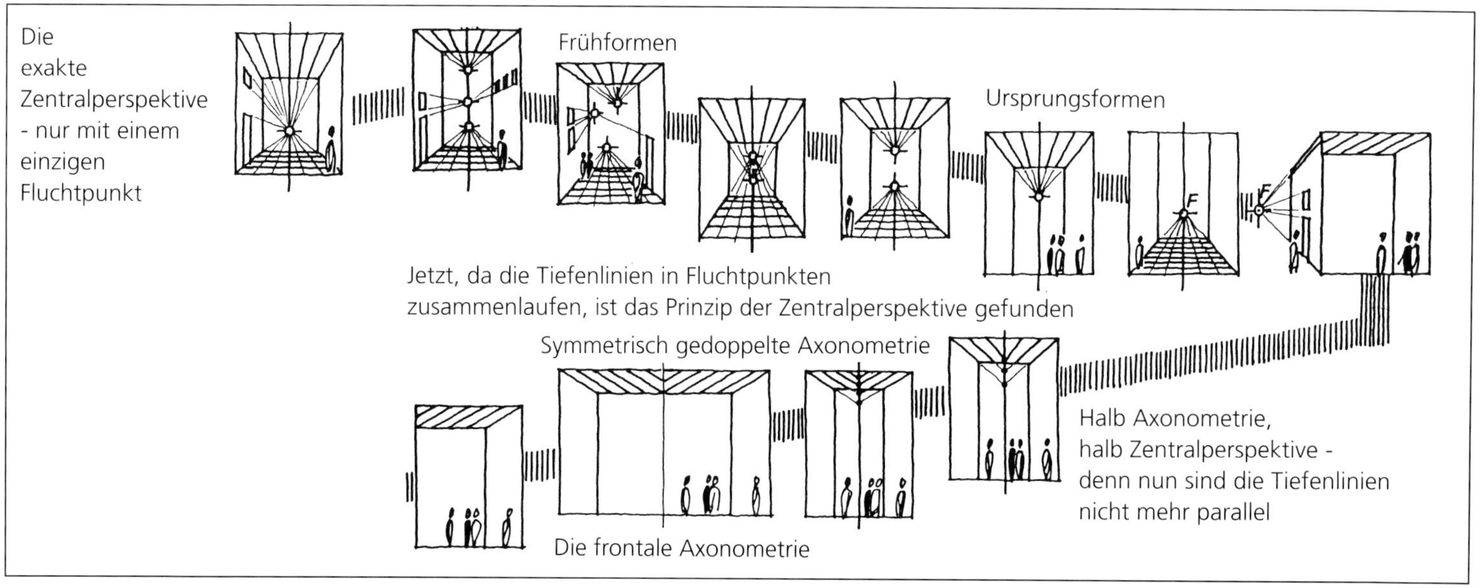

Die Kunst der Perspektive Geburt und Wiedergeburt der Perspektive - so erstaunlich sich ihre geistigen Voraussetzungen auch gleichen - weisen dennoch einen bedeutenden Unterschied auf. Im Gegensatz zur Prospettiva erhielt die antike Skenographia keinen würdigen Platz in der Malerei, es gelang ihr kaum, dem Dienst am Theatergeschehen zu entwachsen und über ihre Anwendung in der dekorativen Gestaltung hinaus zur Kunst aufzusteigen. Was ihr versagt blieb, war der neuzeitlichen Prospettiva jedoch von Anfang an gegeben. Maler, Architekten und Bildhauer der Renaissance - später erst die Bühnengestalter - nehmen mit Leidenschaft, ja mit Ungestüm die neue »Kunst der Perspektive« in Besitz.

Wohl niemand zweifelte damals an der Ursprünglichkeit der sensationellen Neuerung - bis auf die kleine Zahl der Kundigen, die aus ihrem Wissen, frei oder gezwungen, ein Geheimnis machten. Konkurrenzverhalten, Eigensucht und ein unbändiger Eifer überspielten alles, was der erstrebten Selbstdarstellung etwa abträglich sein konnte. Daher fragte man in jenen Jahren wenig nach etwaigen historischen Wurzeln - wenn man auch den griechischen Begriff »Skenographia« zunächst übernahm. Vielmehr feierte man die Befreiung aus der scholastischen, mittelalterlichen Bildvorstellung. Man schrieb das neue Verfahren vornehmlich den mathematischen und naturwissenschaftlichen Errungenschaften der eigenen Zeit zu, man trieb in jenem übermächtigen Strom, der damals Kunst und Wissenschaft zusammenführte. Das geschah gleichermaßen aus Überzeugung wie aus Enthusiasmus.

Keiner ahnte in diesen Jahrzehnten, daß die Prospettiva nur eine Wiederentdeckung war, daß die Suche nach dem Fluchtpunkt bereits vor mehr als 2 000 Jahren in Griechenland begonnen hatte und daß selbst in Italien großartige perspektivische Bilder - damals noch unter Lava, Asche und Schutt verborgen - schon zu Beginn unserer Zeitrechnung gemalt worden waren. Die Künstler und Wissenschaftler der Renaissance sahen verständlicherweise den Fortschritt ihrer Natur- und Kunstauffassung zunächst nur im Vergleich zum mittelalterlichen Erbe. Was sie an das einstige römische Imperium und das alte Griechenland gegenständlich erinnerte, waren meist nur Trümmer aus Ziegel, Kalkstein oder Marmor. Diesen wenigen Resten antiker Kultur standen sie jedoch mit Hochachtung gegenüber. Geringschätzung aber, ja in gewisser Weise sogar Verachtung, empfanden sie angesichts der in ihren Augen unbeholfenen Bildwerke aus der unmittelbaren Vergangenheit, namentlich der aus dem Mittelalter, die keine perspektivische Durchbildung zeigten und deren herbe, verinnerlichte Schönheit sie nicht anrührte.

Von der Prospettiva im Süden wie von der Deurzigtkunde des Nordens gingen wirksame Impulse nicht nur für die neuzeitliche Bilddarstellung aus, sondern auch für die Geistes- und Naturwissenschaften. Durch ungleiche Auffassungen, Traditionen, nationale Eigenschaften und gesellschaftliche Verhältnisse bedingt, waren insbesondere die Wege in die italienische und in die niederländische Variante der Perspektivanwendung vorgezeichnet.

Im Vergleich zueinander wird deutlich, daß im Süden die vom einzigen, zentralen Fluchtpunkt bestimmte Frontalperspektive fast ausnahmslos vorgezogen wurde. Im Norden dagegen war die Übereckperspektive mit ihren zwei korrespondierenden Fluchtpunkten weiter verbreitet, wenn auch keineswegs vorherrschend. Angesichts des reichen bildkünstlerischen Erbes der Renaissance, bei dem der überwiegende Anteil der Komposition im Süden wie im Norden von der Frontalperspektive bestimmt war, gewinnt dieser Unterschied jedoch an Bedeutung und wirft Fragen auf.

Forscht man nach den Ursprüngen der Übereckperspektive, so ist es wiederum Giottos Werk, das die Aufmerksamkeit auf sich zieht. Unter seinen zahlreichen Fresken, die er im Laufe der Jahre 1305/07 zur Ausschmückung der Arenakapelle in Padua schuf, sind solche, die das damals gebräuchliche spätmittelalterliche Schema der übereck gesehenen Frontaldarstellung verlassen. Diese Bilder belegen, daß der Meister nicht nur das Prinzip des zentralen Fluchtpunktes gekannt und angewendet hat, sondern zugleich auch die Wirkungsweise zweier Fluchtpunkte bei Übereckstellung des Raumes. Damit ist ihm eine weitere Urheberschaft zu-

Giotto, Das Gastmahl des Herodes. Zwischen 1317 und 1328, Wandmalerei. Florenz, Santa Croce, Peruzzi-Kapelle
Eine nahezu genaue Übereckperspektive. Zur Entstehungszeit dieses Freskos war die hier ersichtliche Verwendung zweier Fluchtpunkte eine beachtliche Neuerung.

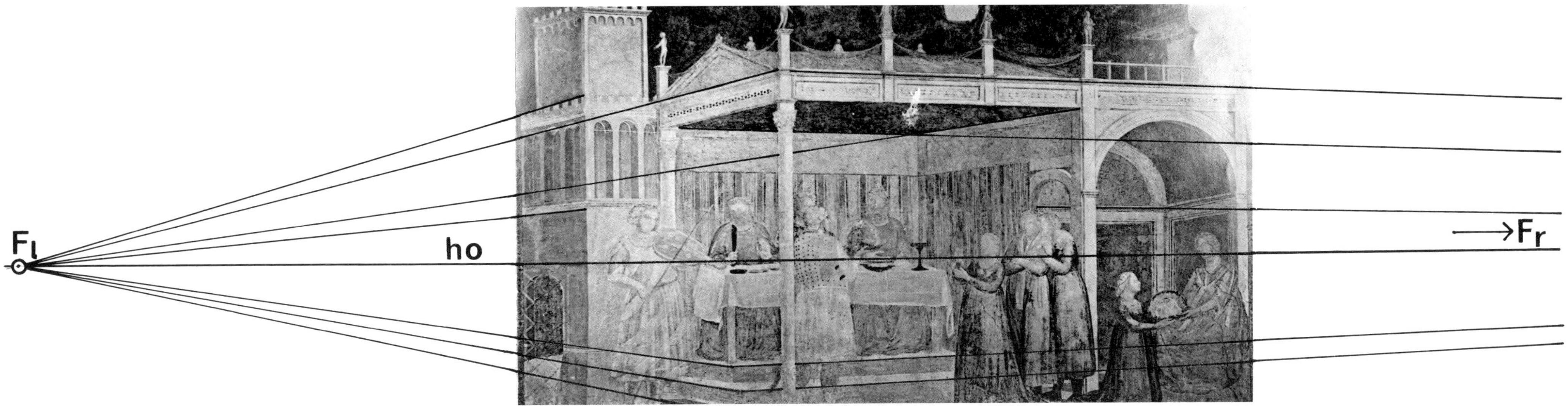

zusprechen, die der Übereckperspektive, die in der Antike mit Sicherheit unbekannt war. Um so gewichtiger wird Giottos Entdeckung. Freilich gab Giotto damit seiner bildnerischen Raumauffassung Gestalt, die den Rahmen des südlich der Alpen bestehenden Bildanspruchs und Bildempfindens dieser Zeit sprengte. Hierin liegt der Grund für die etwa 200 Jahre andauernde Vorherrschaft der frontalen Perspektive. Sie ist es, die dem Geist und den Inhalten der anbrechenden Neuzeit am besten entsprach, die es vermochte, dem hohen Anspruch an Ausdruckskraft und Pathos gerecht zu werden. Somit gewann die Übereckperspektive erst im Laufe des 16. Jahrhunderts an Bedeutung. Die Alleinherrschaft der Frontalperspektive blieb zunächst nahezu unangefochten. Auf der theoretischen Basis, die Alberti der Perspektive gegeben hatte, und auf der methodischen Grundlage, die man der Perspektivlehre des Piero della Francesca verdankte, setzte ein emsiges Streben nach Erweiterung und Vervollkommnung der neuen Darstellungsmethode ein. Forschend, experimentierend und ausformend beteiligten sich daran zahlreiche bildende Künstler und Architekten südlich wie nördlich der Alpen. Gemeinsam mit bedeutenden Mathematikern, die sich der Geometrie widmeten, bauten sie das Grundgerüst der Prospettiva in wenigen Jahrzehnten zu einem leistungsfähigen Verfahren aus. Die große Errungenschaft bestand in der gewonnenen Klarheit über die drei Grundelemente des perspektivischen Bildes, die Fluchtpunkte, die vom Auge ausgehenden Sehstrahlen sowie die Bildebene.

Einem Wettlauf vergleichbar, forschten zahlreiche Künstler und Wissenschaftler an theoretischen und mehr noch an methodischen Fragen der Perspektive. Unter denen, die sie virtuos beherrschten - es gab deren viele zwischen Amsterdam und Neapel - verdienen einige besondere Aufmerksamkeit, so Andrea Mantegna (1431 - 1506). Seiner weltberühmten »Pietà« gab er insbesondere durch die starke perspektivische Verkürzung des toten Christus eine tiefe Ausdruckskraft. Mantegna war es auch, der bei vollendeter Anwendung der vertikalen Verkürzung, mit Hilfe der Froschperspektive, die Dramatik seiner Gemälde wirkungsvoll erhöhte. Aus der Sicht eines von unten Aufschauenden gewinnen die menschlichen Figuren wie auch die Linien des architektonischen Raumes eine kraftvolle Steigerung.

Leonardo da Vinci (1452 - 1519) kam dem Ideal des Renaissancekünstlers

Piero della Francesco, Idealstadt. Aus den Jahren 1410/20 und 1492, Gemälde. Urbino, Galleria Nazionale della Marche
Diese Darstellung aus einer Folge von Perspektivstudien zeigt das Streben nach Vervollkommnung der neuen Gestaltungsmethode.

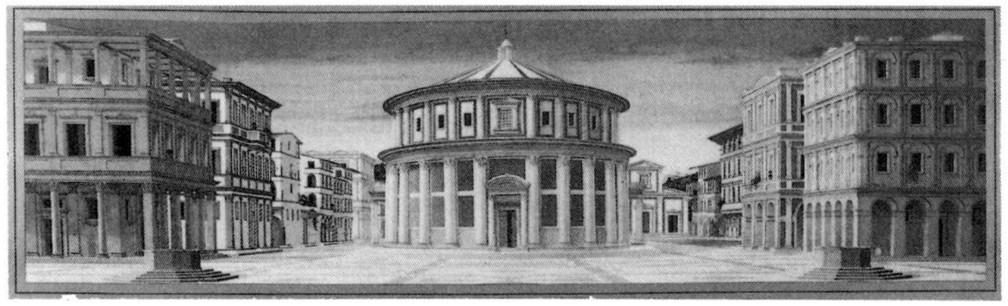

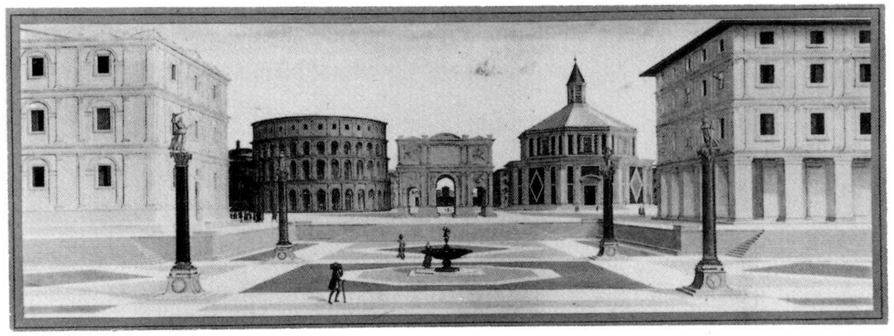

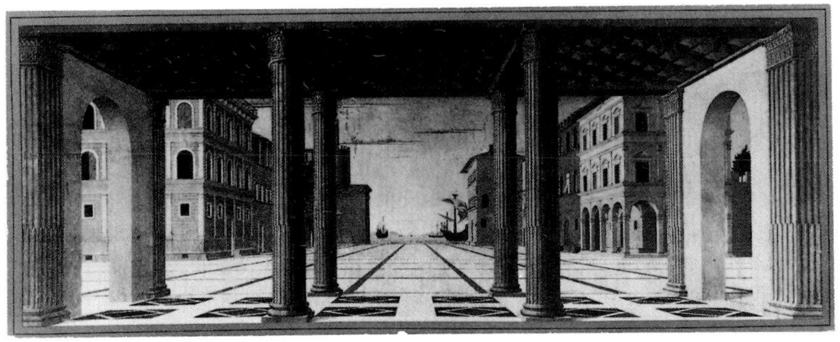

am nächsten, genial und universell in der Kunst wie auch in Wissenschaft und Technik. Er stand, als Piero della Francesca 1482 die erste Perspektivlehre vollendete, im 30. Lebensjahr. Etwa eineinhalb Jahrzehnte später arbeitete er in Mailand an seinem Wandbild »Das Abendmahl«. In diesem Werk verband der Künstler in seiner aus dem zentralen Fluchtpunkt entwickelten Komposition Ausdrucksstärke und Verinnerlichung, die einzigartig geblieben ist. Für Leonardo war die Perspektive nicht nur Gestaltungsmittel, sondern auch Gegenstand seiner geometrischen und physikalischen Forschungen. Die Theorie der Perspektive nahm ihn bis ins Alter hinein gefangen, doch bereits 1492 stellte er hierzu neue, umfassendere Regeln auf. Der Perspektive spricht er darin die hohe Bedeutung zu, Steuer und Kompaß der Malerei zu sein. Neben der Linearperspektive, der gezeichneten, unterscheidet er die farbig abgestufte Perspektive, die Farbperspektive, und die »Prospettiva spedizione«, bei der die Tiefenwirkung durch allmählich zunehmende Undeutlichkeit der Darstellung erreicht werden kann, auch Verschleierungsperspektive genannt.

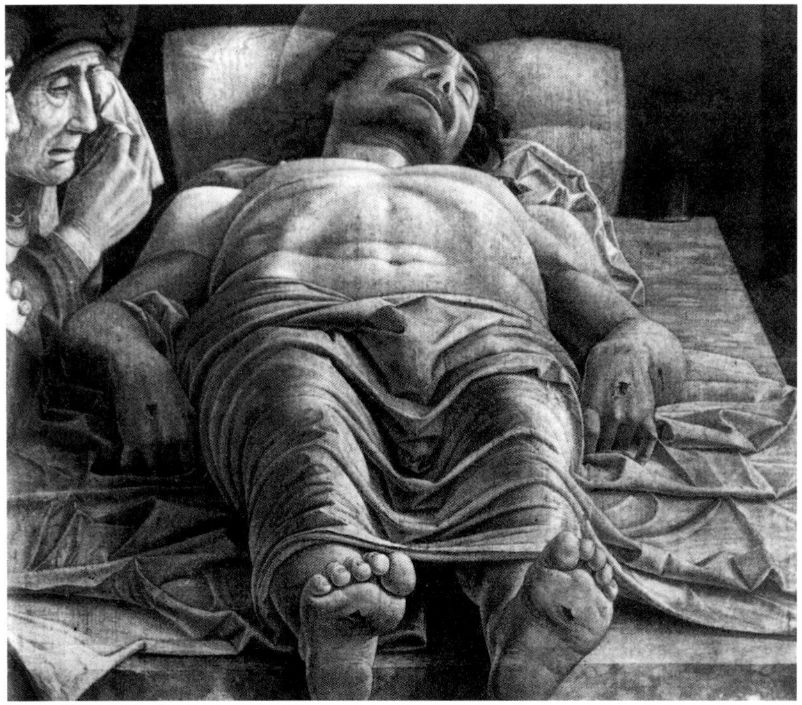

Andrea Mantegna, Pietà. Um 1460/70, Gemälde. Mailand, Pinacoteca di Brera
Diese von Mantegna in genialer Weise angewandte perspektivische Verkürzung führt zur dramatischen Steigerung der Bildaussage.

Mit einem erstaunlichen Widerspruch verknüpft ist eine weitere große Künstlerpersönlichkeit, Sandro Botticelli (1444 - 1510). Obwohl dieser selbst die Perspektive souverän in seinen Bildern anzuwenden verstand, wandte er sich vor seinen Schülern und auch öffentlich gegen deren theoretische Methoden. Seine Werke sind in der Tat ohne geometrische Konstruktion gemalt, stattdessen aber mit einem ungemein sicheren räumlich-plastischen Gefühl und einer großartigen zeichnerischen Befähigung. Nur dies ließ der Meister gelten; andere als künstlerische Mittel erlaubte er sich selbst nicht und wollte sie ebensowenig seinen Zunftbrüdern zugestehen. Diese Haltung Botticellis ist nicht etwa nur die eines Außenseiters, umsoweniger als sie immer wieder von so manchem Maler und Graphiker geteilt wurde - bis in unsere Zeit hinhein.

Doch so geschätzt sein Urteil auch war, es konnte die begeisterte Zuwendung der Künstler zur Perspektive nicht hemmen. Die Malerei und die Graphik jener Zeit machte sie geradezu zum bevorzugten Ausdrucksmittel und zum Kriterium der fachlichen Qualifikation. Damit nicht genug, gingen nicht wenige Künstler noch darüber hinaus, räumten der Perspektive Vorrang ein, machten sie zum Selbstzweck.

In jenem Zeitabschnitt stellt sich die Perspektive als ein befreiender Vorstoß zur weiteren Erkenntnis der Welt dar, als eine Neuerung ganz aus dem Geist der Renaissance. Gemessen an den großen Errungenschaften der damaligen Epoche gehörte das Aufkommen des perspektivischen Zeichnens allerdings nicht zu den wichtigsten Ereignissen. Für die Malerei aber, ja für die gesamte bildende Kunst jener Jahrzehnte, zog die neue Methode eine bedeutende Umwälzung nach sich, wurde zum Ausgangspunkt und zum Anstoß für künstlerische Leistungen von bis heute unübertroffener künstlerischer und geistiger Dimension. Die Künstler - wie auch ihre Auftraggeber - bewirkten, daß in wenigen Jahrzehnten viele Möglichkeiten ausgeschöpft wurden, die das neue Verfahren bot. Sie verliehen ihren Bildthemen räumliche Tiefe, verbanden ihre Inhalte mit dem Horizont, mit dem Unendlichen und gewannen damit Dramatik, Ausdrucksstärke oder Verinnerlichung für ihre Werke. In dieser Weise weiterentwickelt und verfeinert kann die Prospettiva als eine der vielen Großtaten der Renaissance angesehen werden. Sie steht, wenn auch im Schatten, so doch neben der Erfindung des Buchdrucks durch Johann Gutenberg (um 1396 - 1468), neben der Begründung des Sonnensystems durch Nikolaus Kopernikus (1473 - 1543) und neben der Entdeckung Amerikas durch Christoph Kolumbus (1451 - 1506).

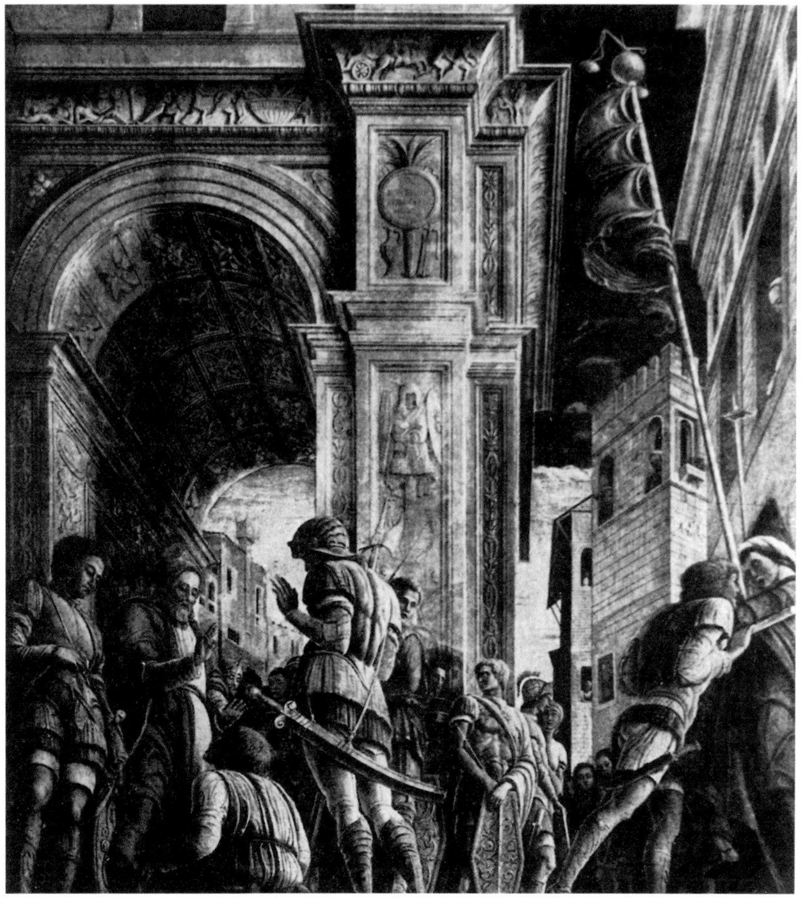

Andrea Mantegna, Der Gang des hl. Jacobus. Um 1454/57, Wandgemälde. Padua, S. Eremitani
Anwendung der vertikalen Verkürzung mit Hilfe der Froschperspektive als Gestaltungsmittel

Der ersten uns überlieferten Perspektivlehre des Piero della Francesca folgte im Norden ein französisches Lehrbuch der Perspektive aus dem Jahre 1505. Der Autor, ein burgundischer Mönch namens Jean Pèlerin, genannt Viator (1435 - 1524), führte in diesem Werk eine sehr nützliche Verbesserung ein, das Distanzpunktverfahren. Es erlaubte mit einfachen Mitteln, die in die Tiefe des Bildes verlaufenden Verkürzungen bei frontalen Perspektiven zeichnerisch zu bestimmen. 200 Jahre etwa sind die Bestrebungen zurückzuverfolgen, die auf dieses besondere Ziel gerichtet waren, von Giotto beginnend. Ihn wie auch den sienesischen Maler Ambrogio Lorenzetti (gest. vermutlich 1348) hatte diese Frage schon zu einfachen Hilfsregeln veranlaßt. Alberti kam mit seiner »Construzione legitime« den geometrischen Zusammenhängen zwar auf die Spur, ohne jedoch die Lösung darzulegen. Dies war Viator vorbehalten, und er eröffnete damit den Weg zu einer Entwicklung, die zur wesentlichen Vervollkommnung

Leonardo da Vinci, Das Abendmahl. 1495/97, Wandmalerei. Mailand, S. Maria della Grazie
Inbegriff der Beherrschung der Frontalperspektive
Klarheit über die Grundelemente: Fluchtpunkt, Sehstrahlen und Bildebene.

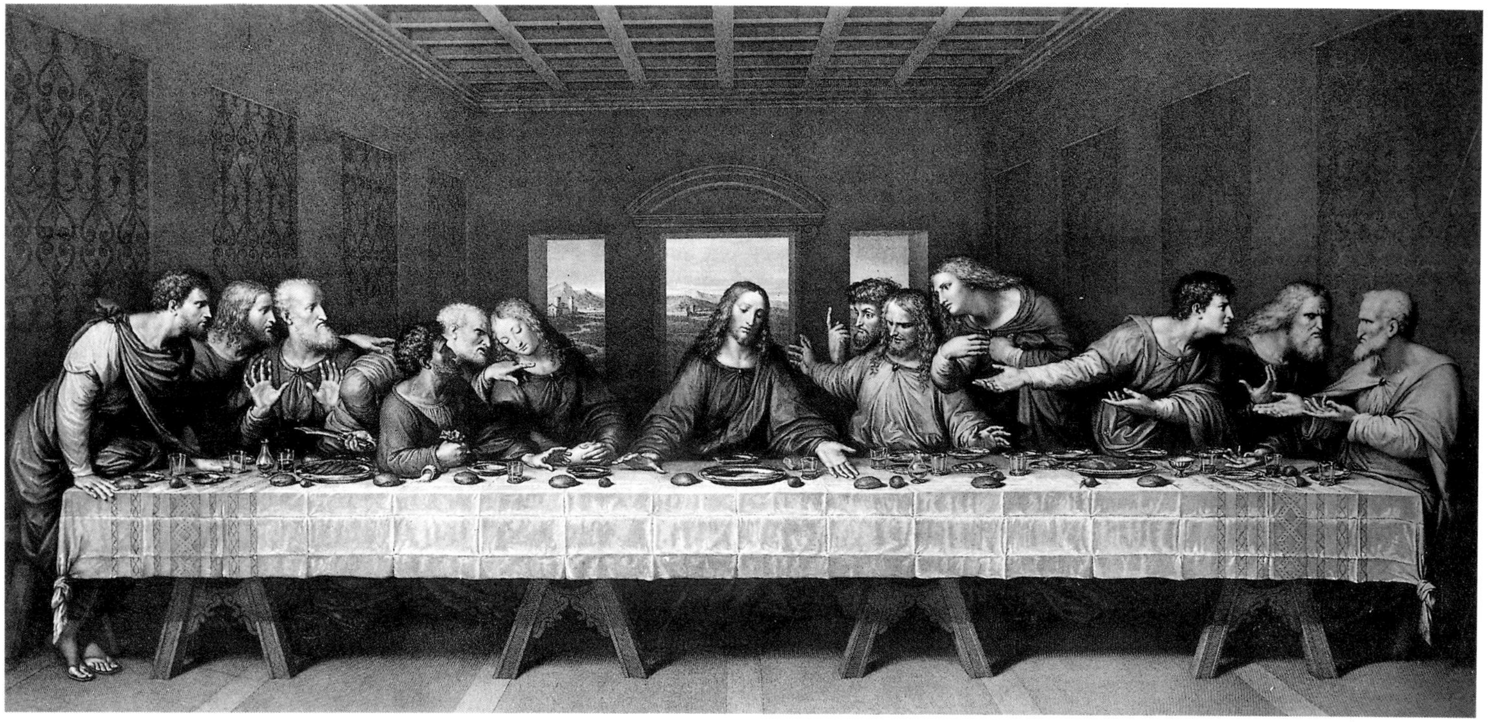

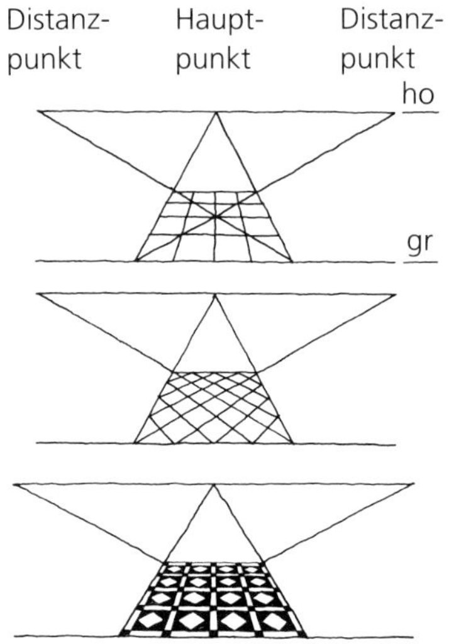

Die Schlüsselfiguren der Perspektivlehre Viators - Basis des Teilpunktverfahrens

des malerischen und graphischen Schaffens führen sollte. Der neu gefundene Distanzpunkt war nichts anderes als ein weiterer Fluchtpunkt, der Fluchtpunkt der Diagonale, rechts und links von der Achse des Bildes gelegen. Mit der Bezeichnung »Seconda regula« gab man diesem Verfahren eine sehr hohe, eine ebenbürtige Bedeutung zur »Prima regula« des Alberti. Das Werk Viators nahm seinen Weg zu Beginn des 16. Jahrhunderts vornehmlich in die Länder des Nordens. Es gelangte auch in die Hände Albrecht Dürers (1471 - 1528), der zu dieser Zeit bereits ein Künstler von hohem Rang war. Ausdrucksstärke, Vielseitigkeit und wissenschaftliche Begabung kennzeichneten sein Schaffen - das Schaffen eines Menschen der Renaissance. Ihm waren die italienische Prospettiva und auch ihr flämisches Gegenstück bekannt; von der »Prospettiva pingendi« des Piero della Francesca fertigte er sogar eigens eine Übersetzung an. Und er fühlte sich herausgefordert, ein neues Lehrbuch mit verbesserten Methoden zu erarbeiten. Auf einer Reise, die ihn 1494 nach Italien geführt hatte, waren Dürers Bestrebungen auch auf das Gebiet der Geometrie ausgerichtet gewesen. In seiner Heimatstadt Nürnberg, der damaligen Wirtschafts- und Kunstmetropole des

Der perspektivischen Verkürzung auf der Spur

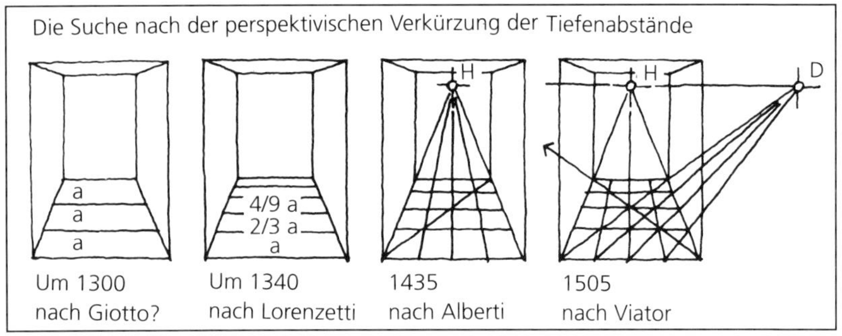

deutschen Raumes, begann er mit seinen vielseitigen kunsttheoretischen Studien. Als er sich 1506 ein zweites Mal nach Italien aufmachte, galt sein besonderes Interesse der Prospettiva und ihren inzwischen neugewonnenen Möglichkeiten. Treffen mit dortigen führenden Künstlern und dem damals bedeutenden Mathematiker Lucas Paciolo (1445 - 1517) kamen zustande, brachten Dürer jedoch kaum erschöpfende Auskunft. Seinem Trachten »um Kunst willen in heimlicher Perspektive« war wenig Erfolg beschieden; die Meister des Südens hatten so gut wie nichts preisgegeben. Um die Prospettiva lag das Dunkel eifersüchtiger Geheimhaltung; was und wieviel man verlauten ließ, wurde sorgfältig erwogen. Dürer kehrte daher in großer Unzufriedenheit in seine Heimat zurück. Einerseits verdroß ihn die Unzugänglichkeit seiner Künstlerkollegen, andererseits deren Bestreben, ihm selbst Erkenntnisse und Fähigkeiten zu entlocken. In einem Brief an seinen Freund, den Nürnberger Gelehrten Willibald Pirckheimer (1470 - 1530), machte er seinem Unmut darüber Luft: »Ich hab viel guter Freund unter den Walchen, die mich warnen, daß ich mit ihren Molern nit es un trink. Auch sind mir viel Feind und machen (malen - d. A.) mein Ding in Kirchen ab und wo sie es mögen bekummen.« Dies mag die Ursache sein, daß seine nachfolgenden Arbeiten nur einen geringen Fortschritt in der perspektivischen Qualität zeigen. Doch nicht entmutigt führt Dürer sein Forschen weiter. Er beginnt mit dem Lehrbuch der Malerei, er plant eine Proportionslehre, und er macht den Anfang zu einer Perspektivkunde. Im Jahre 1514 scheint der Durchbruch erreicht zu sein: Dürer vollendet seine berühmten Meisterstiche »Melancholie« und »Hieronymus im Gehäuse«. Beide Werke belegen, daß er die Perspektive und namentlich die Gesetzmäßigkeiten des Distanzpunktverfahrens zu beherrschen gelernt hat. Nach den historischen Meisterstichen führte Dürer beharrlich seine kunsttheoretischen Untersuchungen fort, im Jahre 1523 konnten die Proportionslehre und 1525 seine Perspektivkunde als erste deutsche Werke auf diesem Gebiet erscheinen. In ihm finden sich die Erkenntnisse der Antike verarbeitet, die Dürer damals zugänglichen italienischen Methoden wie auch das Werk Viators. Doch sein selbst erarbeiteter Anteil überwog, namentlich bei jenen praktischen Anleitungen, die dem Distanzpunktverfahren gewidmet waren.

Albrecht Dürer, Melancholia. 1514, Kupferstich
Dieser »Meisterstich« offenbart den hohen Stand von Dürers Erkenntnissen auf dem Gebiet der Perspektive.

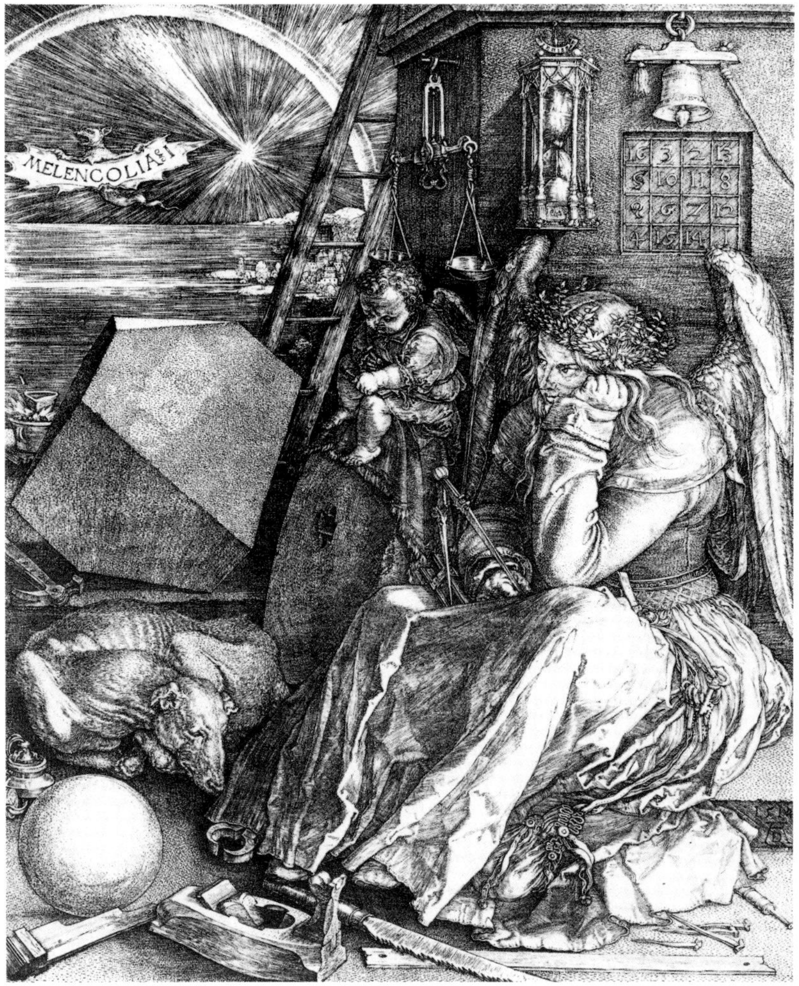

Methoden, Werkzeuge und Techniken der Perspektive Bis zum Anfang des 20. Jahrhunderts führte das Suchen und Begründen auf dem Gebiet der Perspektive zu einer großen Anzahl an theoretischen, methodischen und verfahrenstechnischen Erkenntnissen und Erfindungen. Sie beruhen auf der Ausgangsbasis, die in der Renaissance gesetzt worden war. Allen aber, den frühen wie den späteren Perspektivlehren, ist gemeinsam, daß sie letztlich ihren Ursprung aus der vorklassischen Epoche des alten Griechenland herleiten.
Das intensive Bemühen um die Perspektive brachte in den meisten Ländern Europas neben neuen, sich gegenseitig übertreffenden Verfahren auch Werkzeuge und Hilfsgeräte in großer Vielfalt hervor. Schon Dürer machte in seinem Lehrbuch die Fachwelt mit Meß- und Zeichengeräten bekannt, die es ohne große Schwierigkeiten erlaubten, das perspektivische Bild auf eine aufrecht stehende Fläche zu übertragen. Andere erfanden Vorrichtungen, die das Konstruieren auf dem horizontalen Reißbrett ermöglichten. Mit recht geringem oder wenig dauerhaftem Erfolg wurden auch »Perspektivmaschinen« erdacht. Bis in das 20. Jahrhundert hinein hielt die Suche nach derlei Zeichengeräten an. Heute besteht jedoch die einhellige Meinung, daß der Praktiker die z. T. komplizierten Vorrichtungen durchaus entbehren kann, daß er ohne Frage allein »mit dem zirckel un richtscheyt«, so wie es Dürer bereits 1525 beschrieb, nahezu alle Konstruktionsschritte der Perspektivlehre zeichnerisch ausführen kann.
Aus der Vielzahl jener, die sich um die Vervollkommnung der Perspektive verdient gemacht

Albrecht Dürer, Der Zeichner. 1518, Holzschnitt
Aus Dürers Perspektivlehre: Zur Frage der Verkürzungen

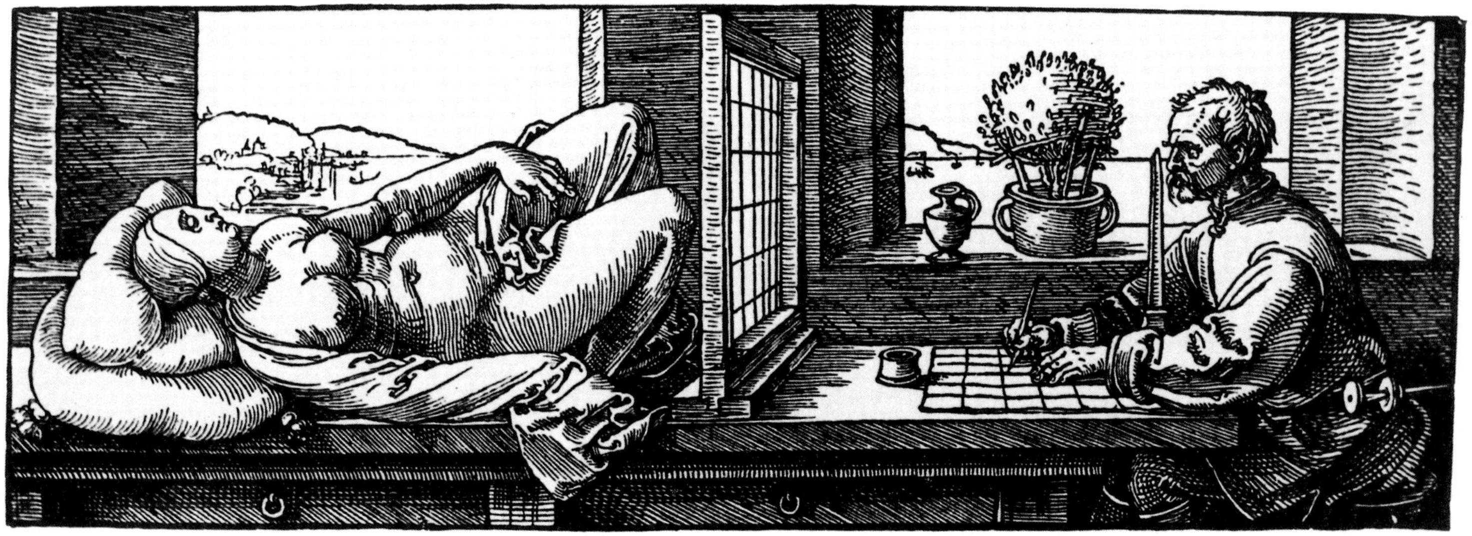

haben, sei der Mathematiker Guido Ubaldi (1545 - 1606) hervorgehoben; er verfaßte ein Werk mit dem Titel »Perspektive«. Es enthält die erste Begründung des Fundamentalsatzes der Perspektive, nach dem alle zur Perspektivkonstruktion notwendigen Fluchtpunkte in einer verblüffend einfachen Weise aus dem Grundriß ermittelbar sind. Anders als bei der Frontalperspektive, die nur eines einzigen, zentralen Fluchtpunktes bedarf, treten in der Übereckperspektive zumindest zwei Fluchtpunkte auf, die ohne Anwendung jenes grundlegenden Satzes schwerlich zu finden sind.

Nicht allein, daß dieser Satz die Übereckperspektive exakt begründete - seine Bedeutung für die Perspektivlehre war, so wie seine Bezeichnung es aussagt, in der Tat fundamental und nur mit den Leistungen Albertis, Piero della Francescas, Viators und Dürers vergleichbar. Seit Giottos erster praktischer Handhabung der Übereckperspektive waren nahezu drei Jahrhunderte verstrichen bis es zu Ubaldis korrekter Darstellung dieses so wesentlichen Verfahrens kam. Seine Leistung steht im Zusammenhang mit der in dieser Zeit einsetzenden Begründung der analytischen und der projektiven Geometrie; letztere schuf den wissenschaftlichen Rahmen für die Perspektivlehre, so wie sie heute angewandt wird.

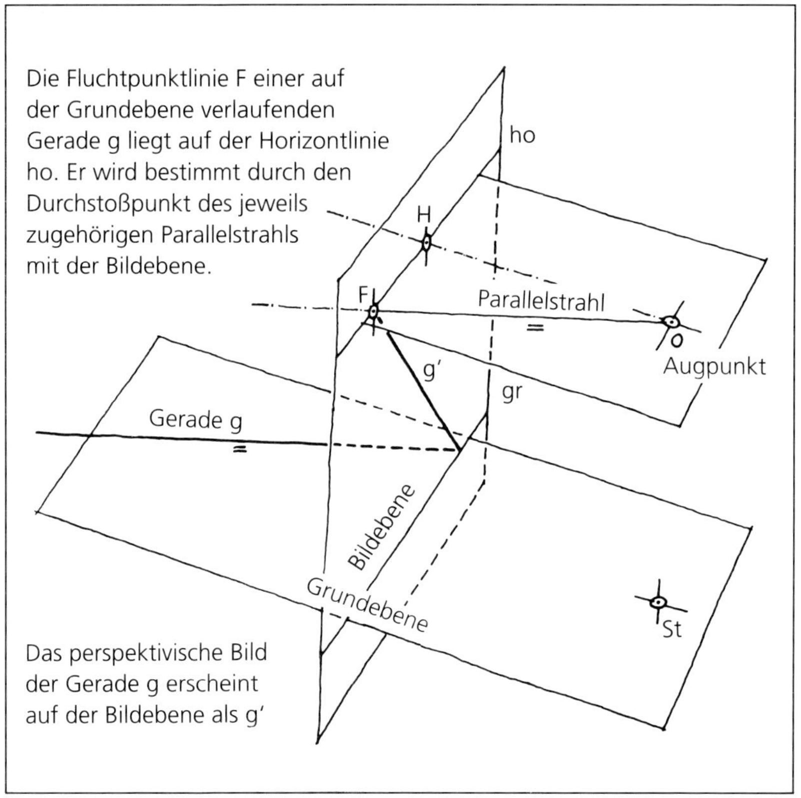

Der Fundamentalsatz der Perspektive, begründet um 1600 durch Guido Ubaldi

In den ersten Jahrzehnten des 17. Jahrhunderts kam es zu einer allgemeinen Hinwendung zum Mathematisch-Geometrischen. Man spricht von einer Linearisierung, einer Geometrisierung der Welt, und man sieht darin den Anbeginn des neuzeitlichen Denkens schlechthin. Große Namen sind mit dieser Bewegung verbunden: die der Philosophen Francis Bacon (1561 bis 1626) und René Descartes (1596 - 1650) sowie der des Gérard Desargues (1593 - 1661), Architekt, Geometriker und Vater der projektiven Geometrie.

Es liegt nahe, daß der Fluchtpunktbestimmung nach Ubaldi auch bald das Teilpunktverfahren, als ergänzende Methode für die Konzipierung von Übereckperspektiven, gefolgt sein dürfte. Sie erlaubte die optisch richtige Verkürzung der in die Bildtiefe fluchtenden Kanten. Darüber hinaus bot der Teilpunkt eine neue, tragfähige Basis für weitere ergänzende und vervollkommnende Methoden. So verstand man sich in der Folge auch darauf, mit Fundamentalsatz und Teilpunktverfahren geneigte Strecken und Flächen auf richtige Weise ins perspektivische Bild zu bringen. Insbesondere aber war es nun möglich geworden, den Verlauf der Lichtstrahlen und deren Schattenspiel zeichnerisch zu beherrschen. Plastizität und Räumlichkeit in der bildlichen Sprache konnten somit wirkungsvoll gesteigert und zur Vertiefung des Ausdrucks herangezogen werden; zum Spiel der Formen und Farben traten jetzt Licht und Schatten hinzu. Anders als in der Antike, wo man fast ausnahmslos nur den am Körper selbst auftretenden Schatten, den Eigenschatten, darstellte, führte man jetzt die ganze Vielfalt aus Eigen- und Schlagschatten ins Feld. Waren es vormals mystische oder religiöse Beweggründe, die vor dem Schlagschatten und dessen Bildwiedergabe Furcht oder Befangenheit entstehen ließen, so empfand man dies im 17. und 18. Jahrhundert in völlig gegensätzlicher Weise. Sie umschreiben eine Zeit, in der man mit einem neuen kompromißlosen Anspruch an die bildende Kunst heranging, wo Künstler wie Wissenschaftler die Gesetzmäßigkeiten des Eigenschattens und des Schlagschattens zu ergründen suchten wie auch die Besonderheiten des parallel einfallenden Sonnenlichtes im Gegensatz zum zentral ausstrahlenden Lampenlicht. Dies wie auch das geometrische Bestimmen von Spiegelungen fand in den damals allerorten entstandenen Perspektivlehren und im zeitgenössischen Bildschaffen seinen Niederschlag.

Bernardo Bellotto, gen. Canaletto, Idealvedute mit Selbstbildnis. Um 1765, Skizze. Darmstadt, Hessisches Landesmuseum
Studie für das weitaus größere Gemälde

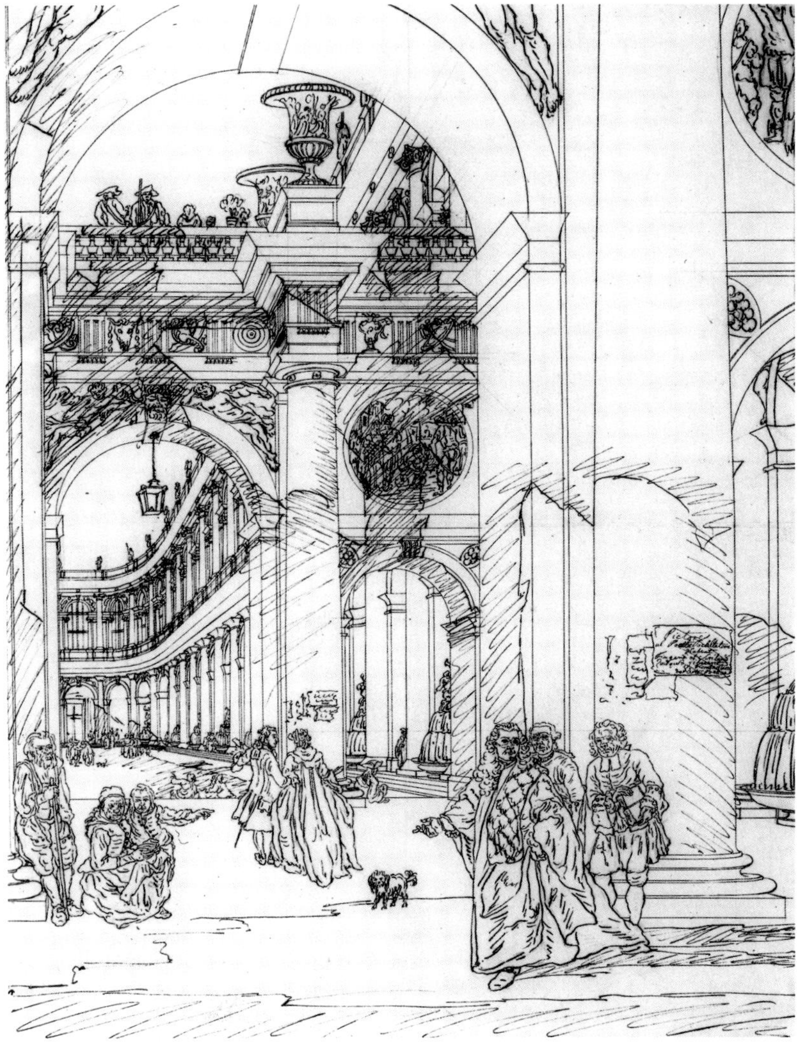

Unter den vielen wie mannigfaltigen Erfindungen und Neuentwicklungen waren die wenigen hier genannten jene Ausnahmefälle, die sich als tragfähig erwiesen haben. Weiteren, noch zahlreicheren Methoden, Verfahren und Hilfsmitteln blieb die praktische Bewährung jedoch versagt. Bei ihnen allen sind Ursprung und Autor meist unbekannt oder umstritten. Auch zeigt sich in der heute möglichen Rückschau, daß so manche Idee, so mancher Weg zu einer neuen Erkenntnis in der Perspektivanwendung einst aufgetaucht, dann jedoch wieder entschwunden ist, ohne das eigentliche Ziel erreicht zu haben. Die Entstehung des Teilpunktverfahrens kann hier als Beispiel gelten. Aber noch erstaunlicher erscheint ein weiterer Fall aus der Geschichte der künstlerischen Perspektive; er beschreibt das Schicksal einer großartigen, aber lange Zeit hindurch übersehenen Chance. Der Altmeister Piero della Francesca, der geniale Leonardo da Vinci oder auch Jean Fouquet (um 1420 - um 1480), Maler und Theoretiker aus Burgund - und sicherlich nicht nur diese - befanden sich nur wenige Schritte von einer ungemein nützlichen Methode entfernt, der sphärischen Perspektive bzw. dem Netzhautbild-Verfahren. Im Besitz dieser leistungsfähigen Methode hätten die Künstler jener Zeit einen bedeutenden Nutzen für ihre Werke ziehen können. Doch man ging ganz andere Wege. Jene Schritte, die notwendig gewesen wären, lagen nicht in der Richtung der damals verfolgten Ziele. Man spürte der Methodik zur Darstellung von Kreisen und Rotationskörpern nach und übersah offenbar dabei das weitere, aber überaus lohnende Ziel.

Wohl unabhängig voneinander setzten sich jene drei Meister mit der Unzulänglichkeit der Bildebene auseinander. Sie verdeutlichten diesen Mangel an drei nebeneinander angeordneten Kreisen, von denen nur der axial gelegene in exakter elliptischer Form und in der richtigen Größe erscheint. Um die beiden äußeren Kreise in zutreffender Weise konstruieren zu können, benutzten sie rechts und links einen weiteren Hauptstrahl mit der dazugehörigen geschwenkten Bildebene. Das war eine wesentliche Erkenntnis. Was aber wurde dabei nicht wahrgenommen?

Zunächst, daß unser Auge ein jedes Bild ohnehin nicht mit einem unbeweglichen Blick in sich aufnimmt, sondern mit mehreren Sehstrahlen abtastet; weiterhin, daß sich dadurch viele einzelne Blickrichtungen und demnach auch ebensoviele Teilbildebenen ergeben können, die sich zu einer Hohlkugelwand formieren lassen, zu einer gekrümmten Bildebene also; und schließlich, daß auf diese Weise ein perspektivisches Bild entstehen muß, daß die Wirklichkeit treffender wiedergibt. Diese Erkenntnis - Basis für das Prinzip der hohlkugelförmig gekrümmten Bildebene, Analogie zum Netzhautbild im Augapfel und Grundlage für die schon erwähnte sphärische Perspektive - hat sich jedoch erst im 20. Jahrhundert eingebürgert, vier Jahrhunderte nach jenen ersten Ansätzen. Auf der Bühne jedoch fand die zylinderförmig gekrümmte Bildebene bereits am Ende des 18. Jahrhunderts Anwendung - als sogenannter Rundhorizont, der Bühnenrück- und Bühnenseitenwand zugleich sein kann. Wiederum war hierbei die sphärische Perspektivmethode in greifbare Nähe gerückt. Aber auch die Bühnengestalter, die - wie wir wissen - schon von Anbeginn Pioniere der Perspektive waren, übersahen den offenliegenden neuen Weg. Unerfindlich bleibt also, daß es

Die Netzhautbild-Methode - Prinzip und Anwendung

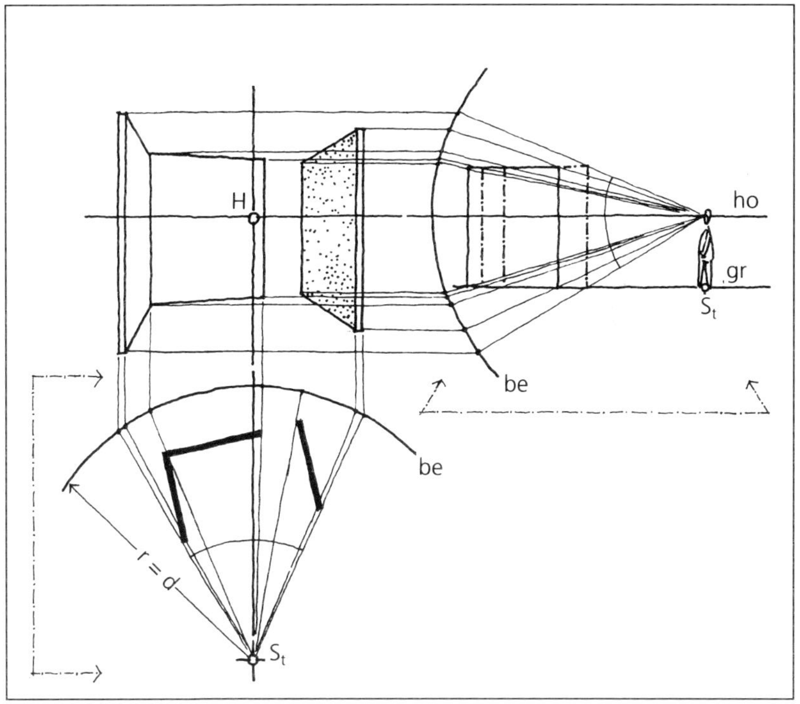

Der Weg zur sphärischen Perspektive

1 Leonardo da Vinci weist um 1470 auf die Unzulänglichkeit der Bildebene hin: ungleiche perspektivische Bilder bei gleichen Kreisen

2 Fouquet (1477) und Piero della Francesca (1482) finden einen Ausweg: mehrere Bildebenen mit mehreren Hauptstrahlen

3 Unbekannte Meister machen von der sphärisch gekrümmten Bildebene Gebrauch und finden damit das Netzhautbild-Verfahren

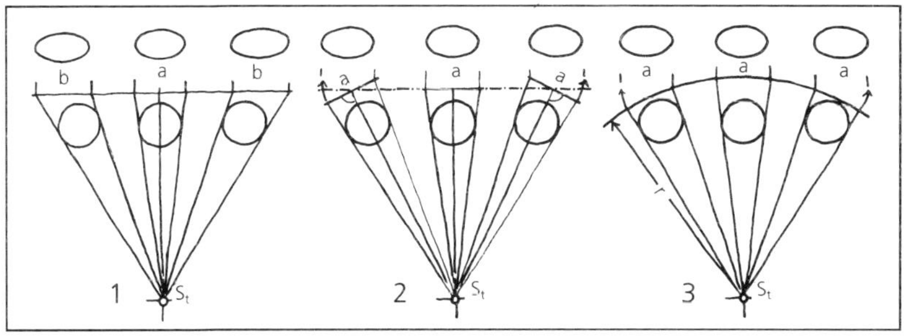

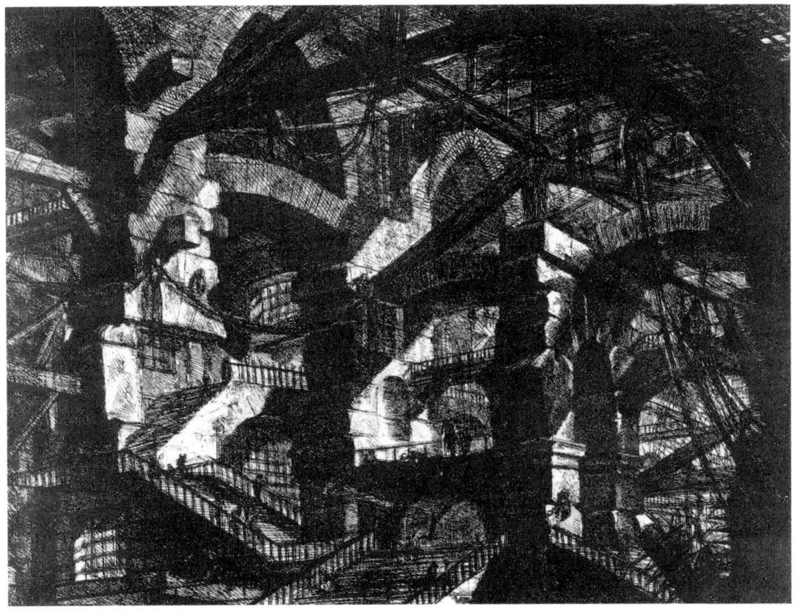

Giovanni Battista Piranesi, Architekturphantasie, aus: »Carceri«, um 1745 und 1761
Ein gigantischer Kerker - gezeichneter Alptraum in phantastischen perspektivischen Überschneidungen

so viel später erst zum Netzhautbild-Verfahren kam - wann, wo und durch wen sind bis heute unbeantwortete Fragen geblieben.

Die dynamische Entwicklung in der Kunst der Perspektive, die immer vollkommenere Methoden, Techniken und Werkzeuge entstehen ließ, wurde im 17. Jahrhundert durch eine Neuerung tief erschüttert. Es war die »Camera obscura«, die diese Krise auslöste. Sie galt als große optische Entdeckung, als Perspektivapparat, der dem Künstler gleichermaßen schwierige wie langwierige zeichnerische Arbeit abnahm. Mit diesem äußerst einfachen Gerät, dem geschlossenen Kasten mit kleiner Öffnung und Mattscheibe, ließen sich die kompliziertesten Gebilde nicht nur leichter und schneller, sondern auch genauer auf eine Bildfläche übertragen, als es die Konstruktionsmethoden der Perspektive vermochten. Für die Maler und Graphiker war die neue Apparatur eine hochwillkommene Hilfe.

Wiederum schlug die Begeisterung hohe Wogen. Qualitätvolle Architekturdarstellungen, Städte- und Landschaftsbilder in großer Zahl waren die Folge - und sie bildeten zugleich den spektakulären Auftakt für die beginnende fotografisch-optische Technik auf dem Felde der Kunst.

Unter den zahlreichen Meistern der damaligen Perspektivkunst nahm Bernardo Bellotto, genannt Canaletto (1721 - 1780), eine überragende Stellung ein. An Virtuosität unübertroffen, verband er die Technik der Camera obscura aufs glücklichste mit der eigenen hohen künstlerischen Befähigung. Zu seinen Stadt- und Architekturdarstellungen, man nannte sie Veduten, benutzte er eine verbesserte Camera obscura, die einer Fotokamera schon sehr nahe kam. Sie war mit Objektivlinse und Reflexionsspiegel ausgestattet und ließ ein horizontal liegendes Mattscheibenbild entstehen. Angesichts der hervorragenden Bilder, die dieser Apparat ermöglichte, glaubte man zunächst an die Überlebtheit der gewohnten Perspektivprozeduren. In der Mitte des 18. Jahrhunderts sah man vielerorts die Situation als Sieg der Physik über die Geometrie an. Doch was trat ein?

Jenen Künstlern, die ihr Werk aus der schöpferischen Phantasie entwickelten, die Nichtexistierendes zur bildlichen Wirklichkeit führten und mit Ausdruckskraft frei gestalteten, konnte die Camera obscura allenfalls untergeordnete Dienste leisten, z. B. als Hilfe beim vorbereitenden Naturstudium oder beim Bildentwurf. Diese Künstler und vornehmlich Architekten

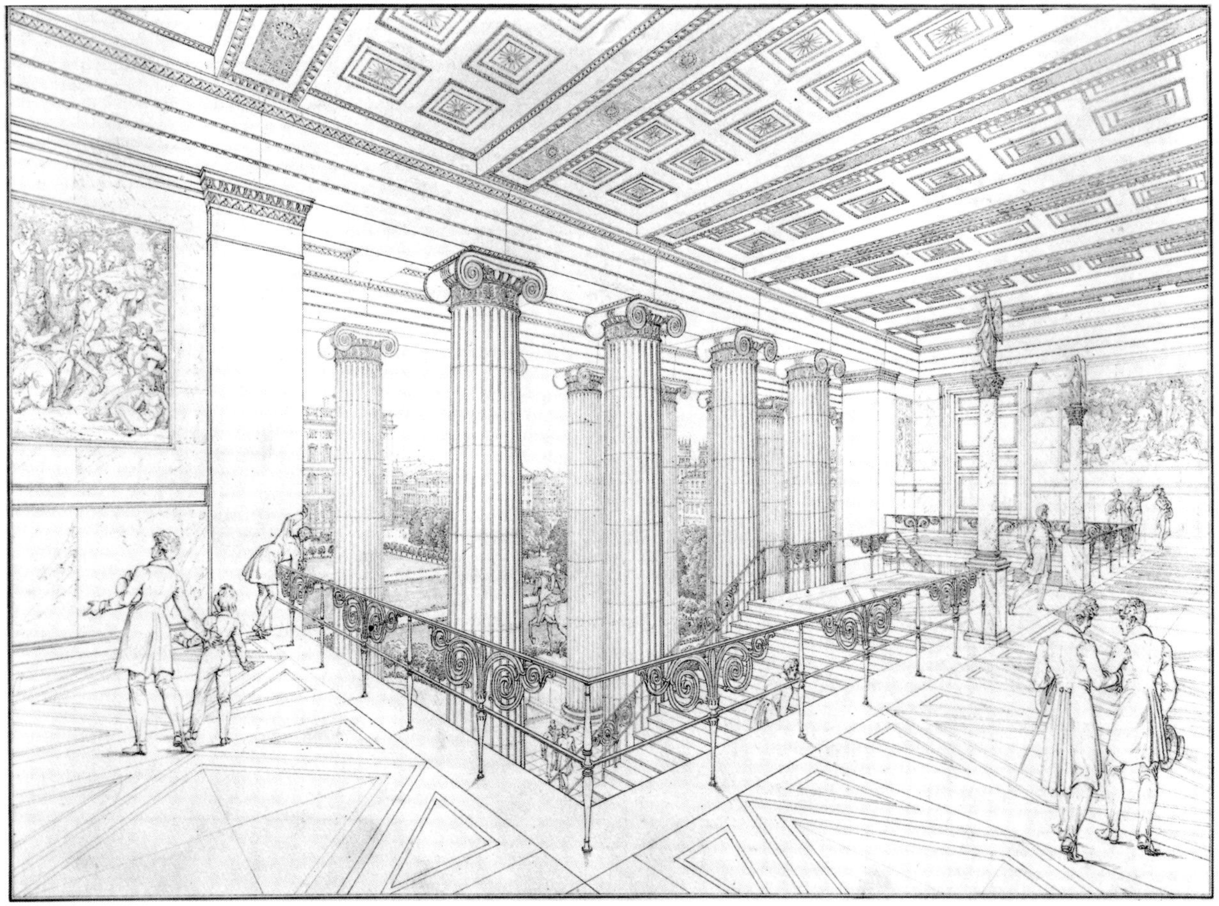

Karl Friedrich Schinkel, Entwurf für das Alte Museum im Lustgarten. 1823, Zeichnung. Berlin, Staatliche Museen Preußischer Kulturbesitz. Nationalgalerie, Sammlung der Schinkelzeichnungen
Faszination der Perspektive in zeichnerischer Virtuosität

Johann Erdmann Hummel, Granitschale. Um 1831, Zeichnung. Berlin, Staatliche Museen Preußischer Kulturbesitz, Nationalgalerie, Sammlung der Zeichnungen
Perspektiv-Hummel genannt; zeichnete die große Granitschale vor dem Alten Museum Berlin in vollendeter Weise mit Spiegelungen kompliziertester Art.

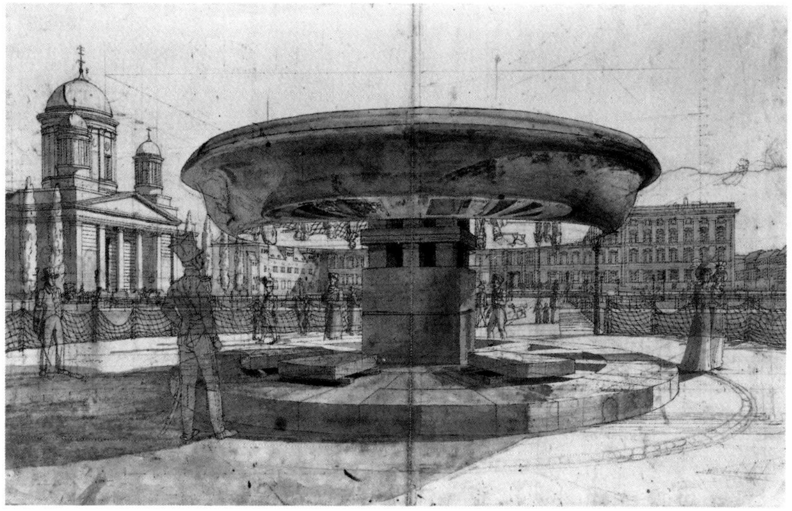

und Bühnengestalter, die sich nach wie vor auf perspektivische Verfahren angewiesen sahen, erweiterten und verfeinerten daher unermüdlich die geometrischen Methoden und schufen, aufbauend auf den alten theoretischen Grundlagen, die moderne Perspektivlehre.
In gleicher Weise wie mit der Prospettiva verbanden sich auch mit der Camera obscura Irrtümer der Kunstgeschichte, was ihren Ursprung anbelangt. Zunächst galt sie als eine Errungenschaft der Renaissance. Später aber fand sich in den Aufzeichnungen des englischen Philosophen, Naturforschers und Erfinders Roger Bacon (1214 - 1294) die Beschreibung eines mit der Camera obscura identischen Gerätes. Die vermeintlichen Urheber aus dem 16. Jahrhundert büßten damit ihren Ruhm ein. Nicht weniger als acht

Namen waren im Gespräch, unter ihnen auch der des Leonardo da Vinci. Aber auch jener Engländer konnte nicht allzulange als der Erfinder der Camera obscura gelten. Weitere aufgefundene Schriften belegten, daß arabische Physiker schon zur Zeit der Völkerwanderung die Camera obscura kannten und nutzten. Und schließlich fanden sich in der Hinterlassenschaft des Aristoteles sichere Anhaltspunkte über die Existenz einer solchen Apparatur.

Die der künstlerischen Perspektive drohende Krise kam nicht zustande. Der Camera obscura waren allenfalls die abbildenden Darstellungen in Malerei und Graphik vorbehalten, während die zeichnerische Perspektivkonstruktion allen anderen bildkünstlerischen Aufgaben weiterhin diente. Auf diese Weise entstand ein sich ergänzendes Nebeneinander.

Begünstigt durch den hohen Stand der Erkenntnisse, der Methoden, der Werkzeuge und Hilfsmittel kam es in fast allen Ländern Europas zu einer hohen perspektivischen Kunstübung mit nicht zu überbietender Perfektion.

In Italien trat der Graphiker Giovanni Battista Piranesi (1720 - 1778) in besonderer Weise hervor. Ein Genie, ja ein Besessener in der Kunst der Perspektive, schuf er zahlreiche graphische Darstellungen, in denen er mit Können, Ausdruckskraft und Phantasie beeindruckende, zuweilen beängstigende räumliche Höhen und Tiefen erschloß.

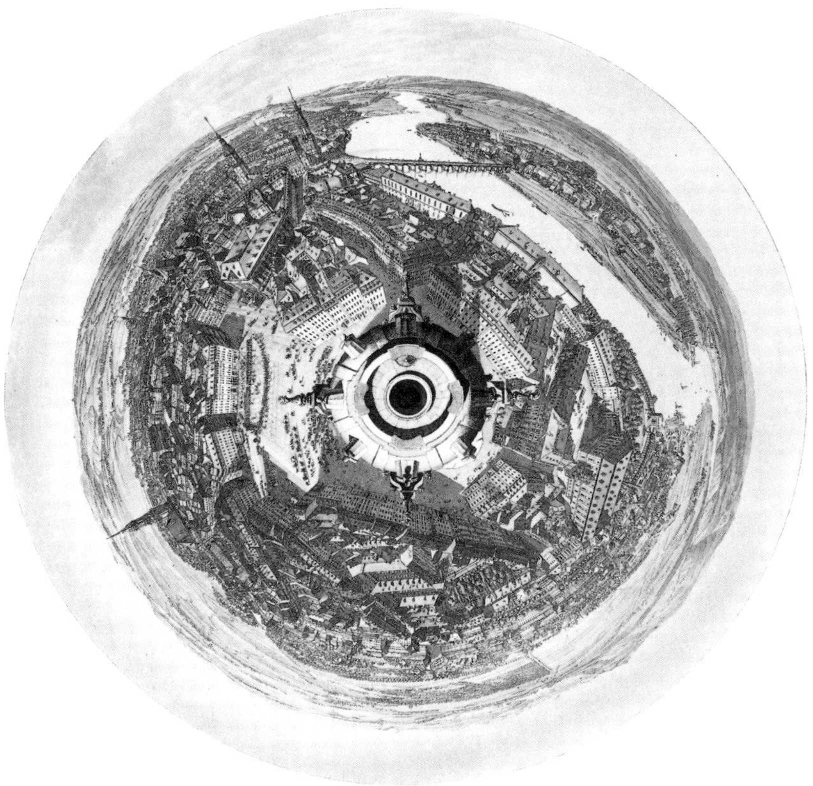

Carl August Richter, Panorama von Dresden von der Kuppel der Frauenkirche aus gesehen. 1824, Radierung. Dresden, Staatliche Kunstsammlungen, Kupferstich-Kabinett
Faszinierende Anwendung perspektivischer Möglichkeiten

Die großen Architekten und Maler des Klassizismus gelten noch heute als überragende Meister der Perspektive. Karl Friedrich Schinkel (1781 - 1841) gebührt in dieser Hinsicht besondere Aufmerksamkeit. Von der sachlich-konstruktiven Zeichnung des Einzelgegenstandes über den Bauentwurf und die Bühnenmalerei bis zu städtebaulichen und landschaftlichen Darstellungen reicht seine Schaffensbreite. Die Faszination der perspektivischen Möglichkeiten wie seine eigene zeichnerische Virtuosität trieb ihn dazu, in Gemälden romantische Visionen zu schaffen, denen wir voller Bewunderung gegenüberstehen.

Die bühnenräumliche Perspektive Den bühnenräumlichen Bezug, den die Perspektive als ein in ihren Ursprüngen theatralisches Gestaltungsmittel zeigte, hat sie während der Antike - bis auf wenige Ausnahmen - beibehalten. Dies belegen nicht nur die altgriechischen Überlieferungen, sondern auch die römisch-pompejanischen Wandbilder. Letztere sind gekennzeichnet durch die bühnenhafte Auffassung, so daß man annehmen möchte, daß die ausführenden Künstler Bühnenmaler und ihre Auftraggeber Anhänger der Theaterkunst waren. An nicht wenigen dieser spätantiken Darstellungen finden sich mehrgeschossige Wandaufteilungen in strenger Symmetrie (s. Abb. S. 17). Die Felder, mit schlanken Säulen eingefaßt, enthalten eingerahmte Bildmotive und reiches Beiwerk an Borten, Friesen, Girlanden und Gehängen. Besonders wirksam erscheinen fenster- und türartige Öffnungen, die den Blick in die Tiefe eines Hintergrundes freigeben. Hier wurde mit großem perspektivischen Geschick eine zierliche Scheinarchitektur dargeboten, theatralisch, tänzerisch, ätherisch und idealisierend - eine Bühnenmalerei im privaten Wohnbereich. Dies bezeugt wiederum, daß die antike Perspektive, die Skenographia, mehr ein Mittel der Theaterillusion und weniger eines der Malerei geblieben war, mehr Darstellung als Ausdrucksmittel, mehr Zeichenfreude als Kunst.

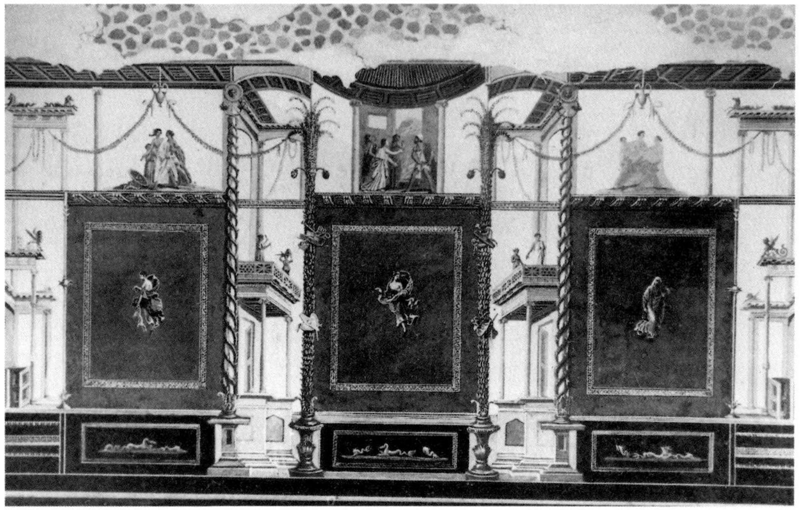

Wandbild aus Pompeji. 1. Jh. u. Z.
Eine reizvolle malerische Illusion - mehr Dekoration als Kunst.

1 500 Jahre später, in der Renaissance, hatte sich diese Situation geändert. Dennoch spielte das Theater in der Entwicklung und der Anwendung der Perspektive wiederum eine große Rolle, und noch lange wurde die Prospettiva als ein Teil der Skenographia angesehen, als die Raum- und Körperdarstellungsweise der Bühnengestaltung, die man freilich in den anderen Künsten nutzte. Es lag in der Natur der Dinge, daß die neue Sicht, das entfesselte Raumgefühl, auch die Theaterleute begeisterte und anregte. Denn seitdem es Bühnenräume gab - im freien wie im gebauten Raum - waren sie den Akteuren zu eng und darum den Dichtern wie den Bühnengestaltern für deren szenische und dramaturgische Ansprüche hinderlich. Nun, da sich neue Wege eröffneten, ging man daran, sie zielstrebig zu beschreiten. Die Tiefe des Bühnenraumes wurde optisch vergrößert, indem man deren Rückwand mit perspektivischen Bildern bemalte. Sie zeigten meist eine bauliche Erweiterung des szenischen Bereichs, einen zusätzlichen Raum oder einen landschaftlichen Ausblick. Selbst der weite Horizont, die Himmelsgestirne und das Meer wurden auf diese Weise erlebbar. Die Bühnenrückwand bildete

nun keine Barriere mehr; für den Zuschauer wirkte sie transparent, bot Durchsicht in Scheingefilde - Prospettiva bzw. Deurzigt.

Den Malern nachfolgend, ergriffen die Bühnengestalter der Renaissance Besitz von der neuen Darstellungsmethode und verliehen ihr theatralische Besonderheiten. Aus der Skenographia ging die Szenographie hervor, bei der die Perspektive zum festen Bestandteil der Dramaturgie wurde.

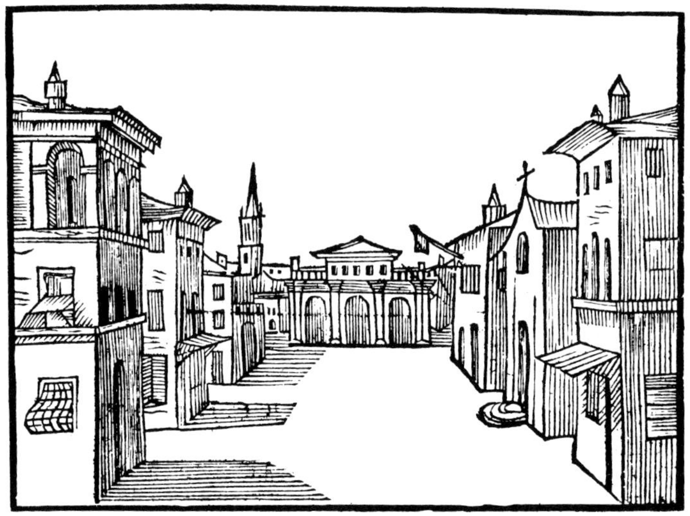

Nicolo Sabbatini, Bühnenperspektive
Die Perspektive und die neuen Möglichkeiten werden vom Theater der Renaissance und des Barock aufgenommen und weiterentwickelt. Es entstehen eindrucksvolle Bühnenillusionen für Architektur- und Landschaftsräume in großer Vielfalt.

Ein frühes Beispiel theatralisch-perspektivischer Architektur entstand in Vicenza um die Mitte des 16. Jahrhunderts. Andrea Palladio (1508 - 1580), Architekt und Wissenschaftler, errichtete dort das »Teatro Olimpico« mit einer Bühnenwand nach dem Prinzip der spätantiken Wanddekorationen. Sehr ähnlich der alten mehrgeschossigen »Skene« mit Tür- und Fensteröffnungen, weist Palladios Bühnenwand jedoch eine bemerkenswerte Besonderheit auf: Die in den spätantiken Wanddekorationen illusionistisch dargestellten Durchblicke auf architektonisch weiterführende Hintergründe finden sich jetzt in Wirklichkeit wieder. Als beschreitbare Schneisen, flankiert durch eine Scheinarchitektur aus Holz und Leinwand, erschließen sie die Tiefe des Bühnenraumes.

Vergleicht man damit die römisch-pompejanischen Wandbilder, so liegt die Vermutung nahe, daß Palladio Kenntnis von der antiken Skenographia hatte. Möglicherweise ist er auch, auf der Suche nach antikem Kulturgut, auf Bildwerke gestoßen, die den damals noch unbekannten pompejanischen Beispielen entsprechen. Auch in Rom waren solche Malereien zu finden, wenn sie durch Zufälle überdauert hatten. Noch zu Palladios Zeit wurde die Erkundung des Altertums mit großem Eifer sowie mit allen Mitteln betrieben, und mit den Ergebnissen verfuhr man in höchst subjektiver Weise. Wie es bereits im Zusammenhang mit dem Wiederaufkommen der Perspektive in der Frührenaissance geschehen war, so könnte auch Palladio Erkenntnisse der Antike zum geistigen Eigenkapital gemacht haben. Mit dem »Teatro Olimpico« nutzte er offensichtlich dieses Erbe, um für die Wiederaufführung griechischer Theaterwerke einen wirkungsvollen und zeitentsprechenden Rahmen zu schaffen. Mit seinem »Olympischen Theater« und dessen scheinarchitektonischen Tiefenräumen, den Gassen, führte Palladio nicht nur die Perspektive in die neuzeitliche Bühnengestaltung ein, es gelang ihm überdies, eine wesentliche Neuerung in das Theaterwesen seiner Zeit einzubringen,

die es erlaubte, die dramaturgische Handlung nicht nur optisch, sondern auch durch die Bewegung der Akteure in die Tiefe des Raumes fortzusetzen - zum Hindurchschauen kam die unschätzbare Möglichkeit des Hindurchschreitens hinzu.
Diesem ersten Schritt folgten sehr bald weitere als logische Konsequenzen. Das Bühnengeschehen sollte sich nun auch seitlich, in Seitengassen, fortsetzen können. Die Erkenntnisse aus der Perspektive ermöglichten dies; mit ihrer Hilfe gelang es weiterhin, die bewegliche Kulisse als Mittel der Raumillusion einzusetzen. Diese und andere Neuerungen führten zu eigenständigen Regeln der Bühnenbildnerei. Lehrbücher entstanden und beförderten die Entwicklung vom Renaissancetheater zum Theater des Barock, wo die perspektivische Raumillusion sogar auf Bereiche des Zuschauerraumes übergriff.
So feierte die Kunst der Perspektive auch auf den »Brettern, die die Welt bedeuten« Triumphe. Der Überschwang verleitete dort - nicht anders als in Malerei und Graphik - zu raffinierten Lösungen und tollkühnen Experimenten. Diesem Ideenreichtum, dieser Euphorie und diesem Drang zur Verfeinerung haben wir es überdies zu verdanken, daß eine große Zahl von Gartentheatern entstand, bei denen mit Bäumen und Hecken perspektivische Raumillusionen unter Sonne und ziehenden Wolken oder auch bei Mondschein und Laternenbeleuchtung zustande kommen konnten.
Das Vermögen der Perspektivkunst, die Wirklichkeit widerzuspiegeln, sie aber durch Schein zu überlisten, ja sogar aufzulösen und zu verwandeln, kam den Gestaltungsabsichten der barocken Künstler in besonderer Weise entgegen. Sie nutzten daher vor allem auch in der Architektur selbst diese Möglichkeiten, ohne die Skrupel, die in der Renaissance noch bestanden und einer realistischen, werkgerechten Baugesinnung entsprachen. Dennoch finden sich auch in der Renaissance viele Werke, bei denen der Schein die archiktektonische Realität überspielt. Bei ihnen kündigt sich an, was später im Barock überschwenglich, einfallsreich und mit großer Vitalität zur Vollendung geführt werden sollte.
Zu jenen Anfängen gehört auch die Sgrafittotechnik, mit deren Hilfe man plastische Archi-

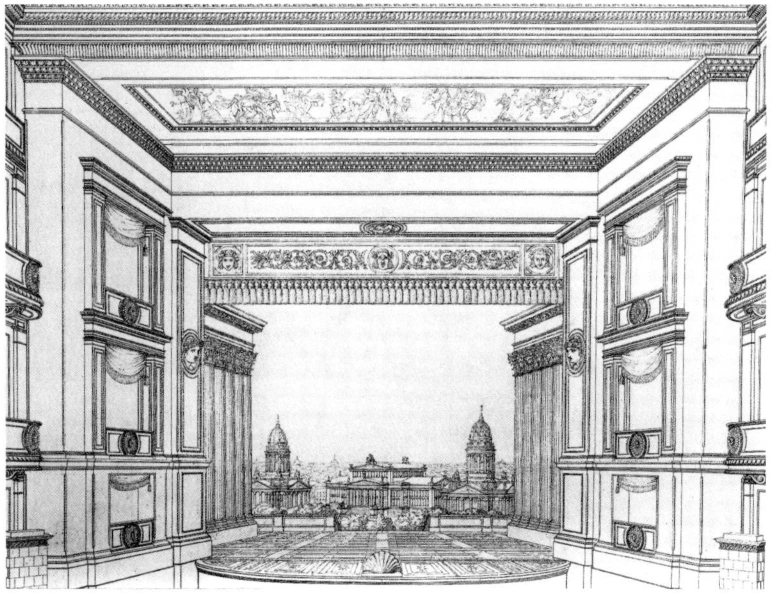

Karl Friedrich Schinkel, Bühnenbild. 1821, Zeichnung. Berlin, Staatliche Museen Preußischer Kulturbesitz, Nationalgalerie
In eindrucksvoller Weise wird der Bühnenraum in eine Stadtansicht verwandelt.

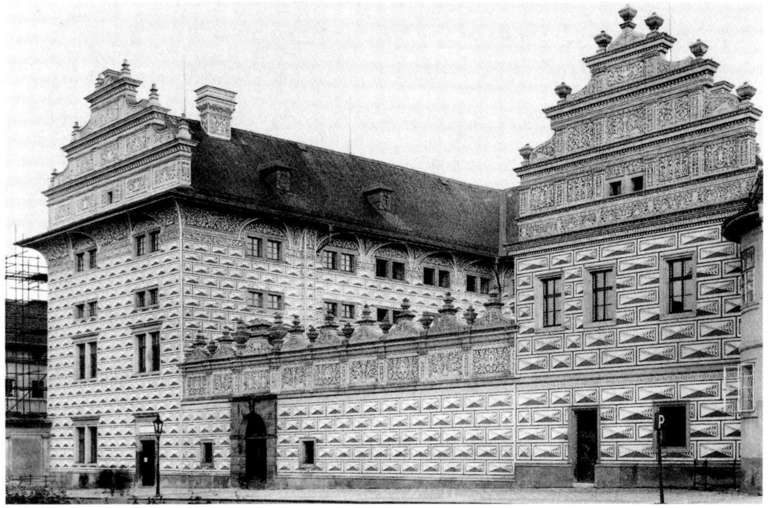

Schwarzenberg-Palais in Prag. 1545-1563.
Gemalte Architekturdekorationen mit illusionistischer Wirkung

Andrea Palladio, Teatro Olimpico in Vicenza. 1580,
Schnitt

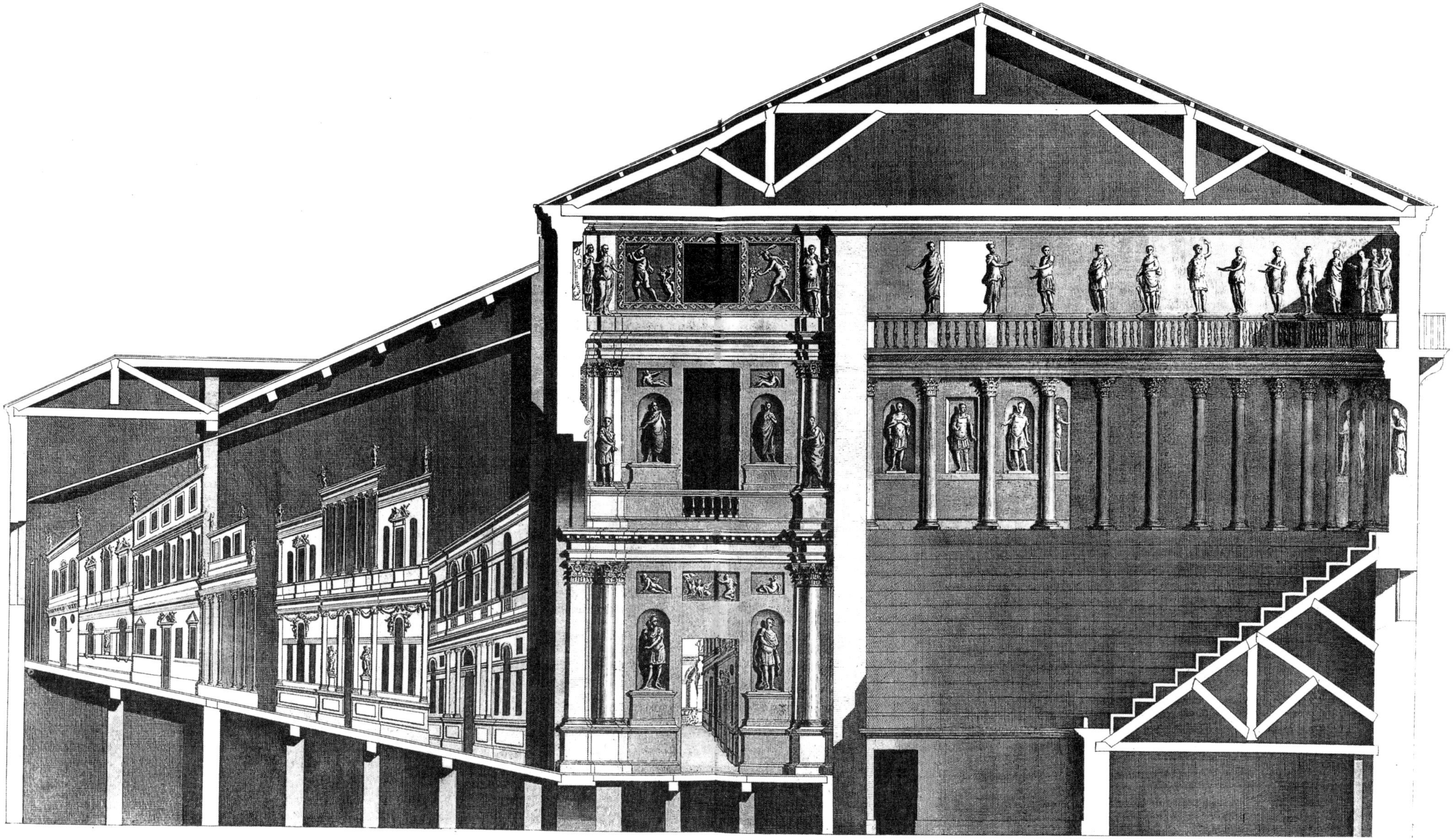

tekturelemente vortäuschen konnte - einschließlich ihrer Schatten. Solche Architekturdekorationen waren in der späten Renaissance allgemein verbreitet.

Ein Sonderfall verdient jedoch Erwähnung und Betrachtung: der Entwurf für die Fassadengestaltung des »Hauses zum Tanz« in Basel. Hans Holbein der Jüngere (1497/98 - 1543) war der Schöpfer dieser eigenartigen Dekoration. Mit staunenswerter Fertigkeit auf perspektivischem Gebiet überdeckte Holbein die glatten Fronten des Gebäudes mit mannigfaltigen Architekturelementen. Tatsächlich vorhandene Öffnungen finden sich neben täuschend ähnlich gemalten Fenstern und Loggien. Hinter den Scheinbalustraden, auf Postamenten, Gesimsen und Podesten, sind menschliche Figuren als belebende Szenerie eingefügt. Bedauerlich ist es, daß diese Fassade nicht mehr besteht - erfreulich dagegen, daß Skizzen von der Hand des Meisters erhalten blieben. Für das Kunstverständnis seiner Zeit war Holbeins Idee ohne Zweifel eine Herausforderung; er war darin sehr weit gegangen, hatte barocke Ansprüche vorweggenommen.

Während des 16. Jahrhunderts trifft man einen solchen Illusionismus in der Wandmalerei noch mehrfach, namentlich in Italien, an. Er tritt seltener am Äußeren, um so mehr aber im Inneren der Bauten auf. Scheinbare Raumerweiterungen und Ausblicke in eine vorgetäuschte Umgebung kommen dann im Barock immer häufiger auf Wänden und Decken vor. Und in unserer Zeit findet das, was Holbein einst so phantasievoll und spielerisch am »Haus zum Tanz« versucht hatte, vielerorts mit Giebelwandmalereien einen späten Widerhall.

Aus all diesen Bildern mit Raumillusionen - von den frühesten römisch-pompejanischen Fresken bis zu heutigen Giebelmalereien - spricht die Freude am Theatralischen. Ebenso groß ist die Begeisterung über das Vermögen, eine bauliche Begrenzung zu überwinden, aufzulösen, verzaubern zu können.

Das Barock spielte alle erdenklichen Versionen der Raumverwandlung aus, ganz gleich ob architektonischer oder antiarchitektonischer Art. Den beherrschenden Gestaltungsmitteln, den perspektivischen Wandbildern und Deckengemälden, gesellten sich vielfältige weitere hinzu. Schein und Täuschung waren erlaubt, wenn sie nur zur Bereicherung des Erlebnisses beitrugen. Erst jetzt wurde das gesamte Potential der Perspektive ins Feld geführt.

Seite 50:
Friedrich Weinbrenner,
Räumliche Figuren,
aus: »Architektonisches Lehrbuch«,
1810/17

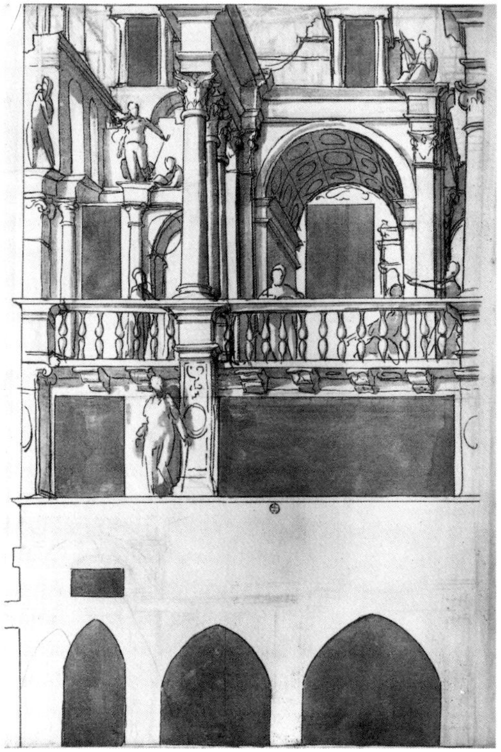

Hans Holbein d. J.,
»Haus zum Tanz« in Basel.
1531/32, Entwurfsskizze.
Berlin, Staatliche Museen
Preußischer Kulturbesitz,
Nationalgalerie
Eine illusionistische Fassadenmalerei
aus bemerkenswert früher Zeit

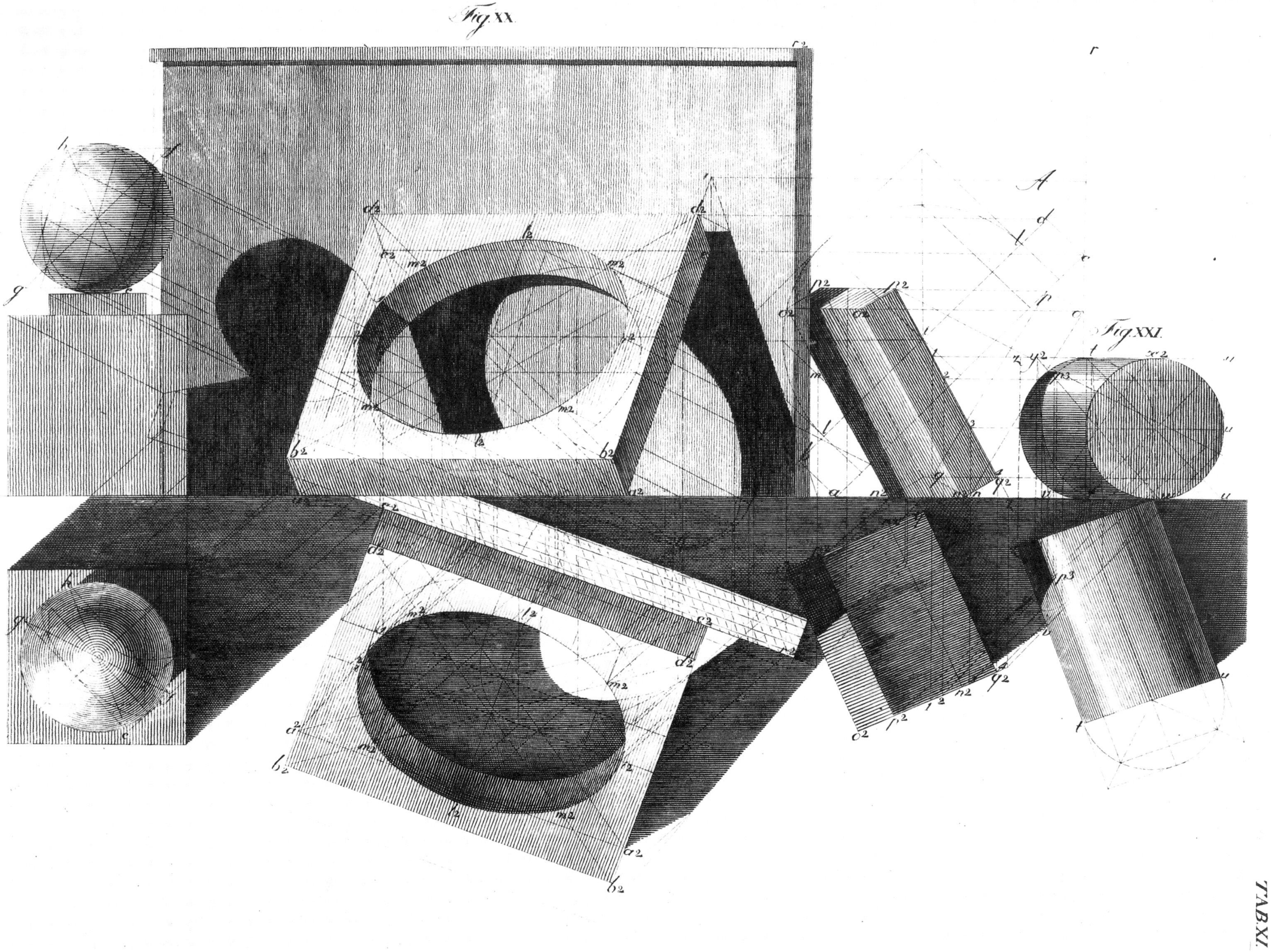
Fig. XX
Fig. XXI
TAB. XI.

Schattenwürfe, Spiegelungen, Zusammenspiel von wirklicher und vorgetäuschter Plastizität waren legitim, ebenso blinde Fenster, falscher Marmor, sogar angemalte Dekorationspflanzen und Gewölbe aus Draht und Gips.

Bei der Hingabe an den Formenreichtum und an die freie Bewegung gewannen Kreise, Ellipsen und Spiralen sowie deren Verkörperungen - die Kugel, das Ellipsoid und die mannigfaltigen Schneckengebilde - in der beginnenden Neuzeit, besonders aber im Barock, als Gestaltungselemente größte Beachtung. Diese Vorliebe erwuchs aus der Abkehr vom Linearen und vom tektonisch Lastenden der vorausgegangenen Bauepochen entsprechend einer neuen Lebensauffassung mit ihrer Freude am Dynamischen, Organischen, Fülligen und Üppigen. So wenden sich Baumeister und bildende Künstler des Barock dem unerschöpflichen Formenangebot zu, das der Rotation und schwunghaften Bewegung entspringt. Schon im Grundriß barocker Bauten herrscht oft der Kreis und dessen perspektivisches Bild, die Ellipse, vor. Doch auch im Aufriß zeigt so manches Gewölbe elliptische Schnittlinien. Der Kreis und die Ellipse beschäftigten bereits in der Renaissance mehrere forschende Meister, vor allem in Mailand Leonardo da Vinci, in Burgund Jean Fouquet, in den Niederlanden Jan van Eyck und in Deutschland Albrecht Dürer. Sie erblickten in der geometrischen Begründung wie in der methodischen Beherrschung des Kreises und der Rotationskörper im perspektivischen Bild ein wesentliches Interessenfeld, dessen spätere praktische Bedeutung sie vorausahnten.

Wenn wir der barocken Architektur nachsagen, sie sei - wie keine andere - der Baustil des Theatralischen, so bezieht sich das nicht nur auf die Integration der raumdurchdringenden, illusionistischen Bilder, sondern auch auf die dem Barock eigene architektonische Konzeption, die von der Perspektivwirkung des Raumes und der Raumfolgen ausging. Das dramatische optische Erlebnis galt als erstrebenswert; es wurde bedingungslos verwirklicht - auch im Widerspruch zur Tektonik und zu anderen baumeisterlichen Grundsätzen. Selbst in den städtebaulichen Schöpfungen des Barock fand die theatralische Perspektive Anwendung. Die Perspektivgesetze und die praktischen Erfahrungen auf der Bühne waren auch willkommene Mittel, um

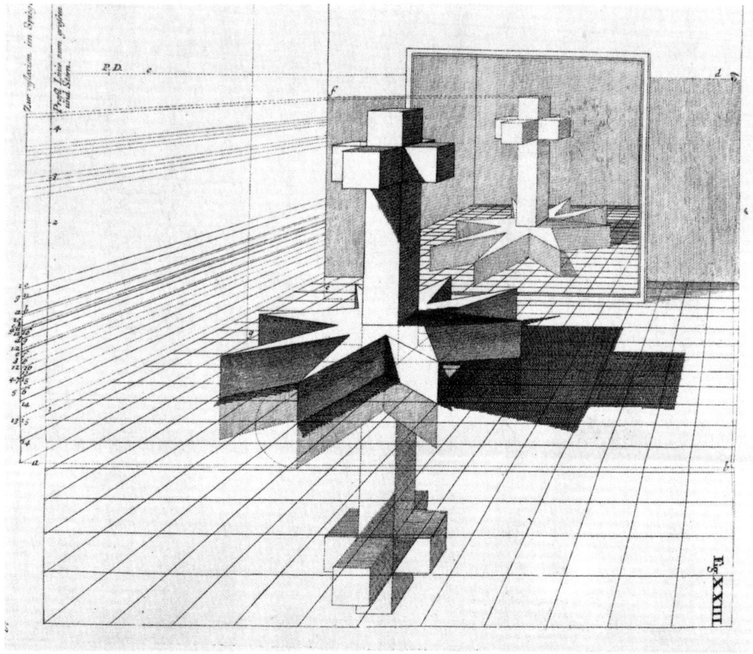

Paul Heineken, Perspektivische Figuren, Ansichten, aus: »Lucidum Prospectivae Speculum«, 1727

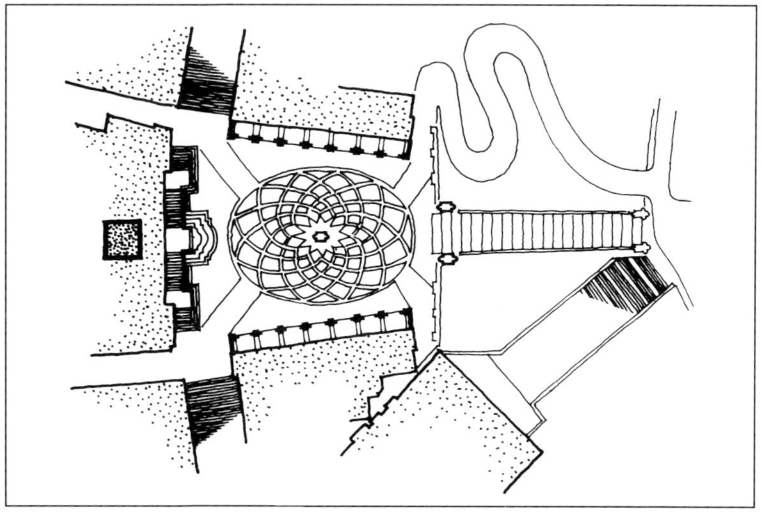

Rom, Kapitolplatz. 1538 begonnen
Von Michelangelo nach bühnenperspektivischen Gesichtspunkten konzipiert

Karlsruhe von Norden. 1739. Stich nach C. Thran
von J. M. Steidlin
Nicht nur Straßen und Plätze, auch Stadtanlagen
wurden nach perspektivischen Gesichtspunkten
entworfen - Ordnung und Unendlichkeit.

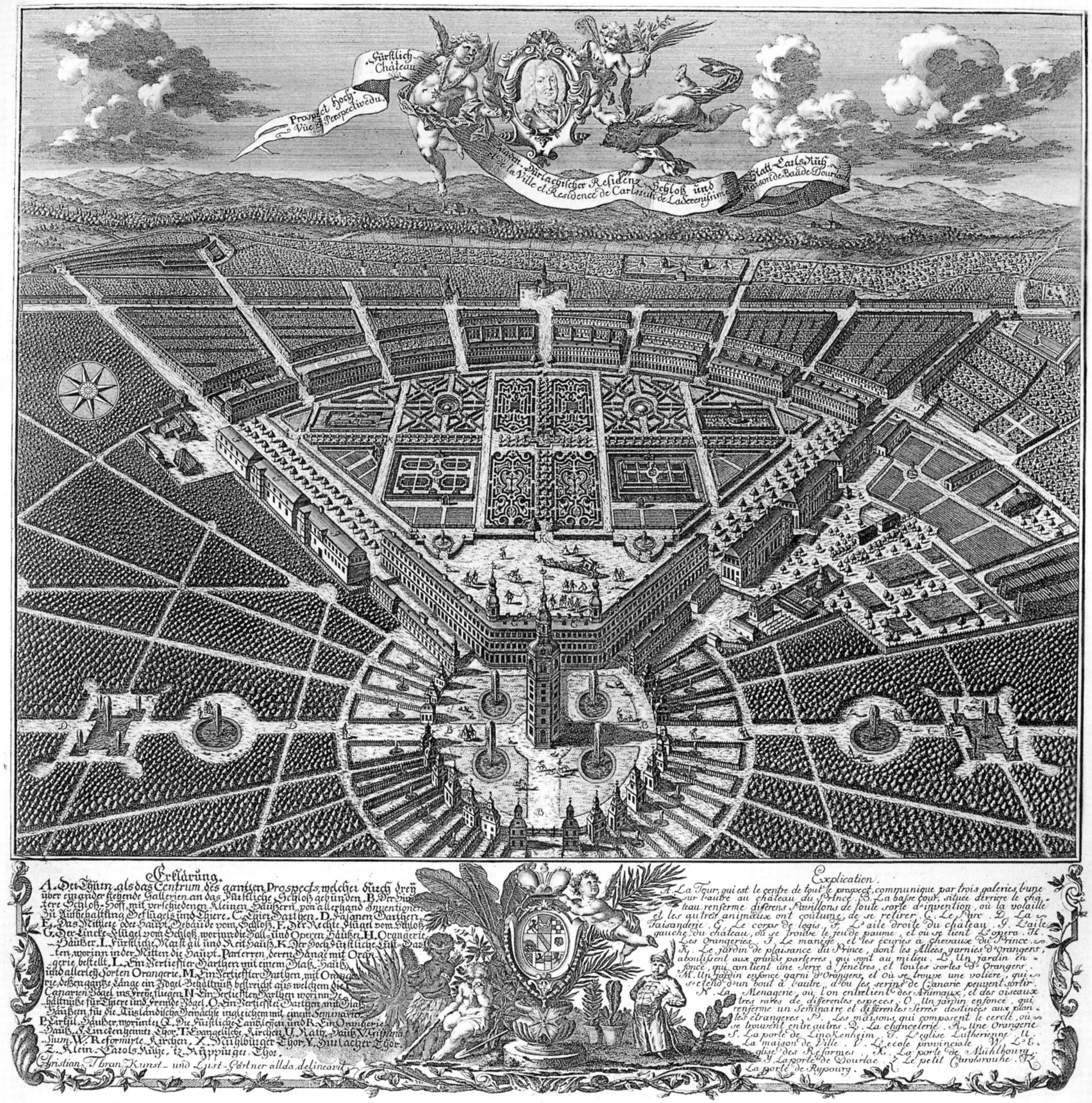

Straßenräume länger, Plätze größer und Gebäudefronten höher erscheinen zu lassen. Bereits der Kapitolsplatz in Rom, von Michelangelo Buonarroti (1475 - 1564) konzipiert, beruht in seiner Wirkung auf perspektivischen Erkenntnissen. Wie ein Bühnenraum, mit geringfügig schräg gestellten Seitenfronten, erscheint er größer und eindrucksvoller von der Hauptfront aus, die den Kapitolspalast bildet. Aus der Richtung der Freitreppe hingegen verkürzt er sich und läßt das Kapitol als vorgerückt erscheinen. Um die Front des Hauses höher wirken zu lassen, gab man den oberen Fenstern ein kleineres Maß. Solche Kunstgriffe gehörten zur Verfahrensweise der Barockarchitekten. Deren reiche perspektivische, optische und mathematische Kenntnisse waren ihnen sowohl Voraussetzung als auch Anregung zu raum- und formschöpferischen Erfindungen. Hier sind die barocken Treppenanlagen mit ihren von Stufe zu Stufe sich wandelnden dynamisch-optischen Erlebnismöglichkeiten besonders zu nennen. Die Treppenhäuser - Herzstück und »theatralische« Hauptkomponente vieler Bauten - forderten Perspektivwirkungen geradezu zwingend heraus. Für die Menschen der Renaissance und auch des Barock war der perspektivische Blick mit seinem ins Unendliche weisenden Fluchtlinien nicht nur ein optischer Genuß, ein »Augenschmaus«, sondern auch ein tiefes inneres Erlebnis. Die sichtbar gewordene Unendlichkeit bewegte die Menschen bis in die Höhen ihrer Gefühlswelt. Die Grenzenlosigkeit des Himmels im Bilde genügten nicht; auch im gebauten Raum wurde dieses Erlebnis gesucht und gefunden. Begrenzende Wände erhielten Öffnungen; durch Verbindungstüren von Raum zu Raum entstanden Zimmerfluchten. Sogar dort, wo keine räumlichen Durchblicke möglich waren, fand die Liebe zum Spiel mit den fluchtenden Linien dennoch ihre Auswege zu illusionistisch gemalten Raumfortführungen in Spiegelwänden, die das Vorgetäuschte reflektierten und durch Widerspiegelung weiter und weiter fortsetzten.

Schon bald nach Piero della Francescas erster Perspektivlehre hatte man begonnen, den Blick in die Vertikale zu heben und damit den zentralen Fluchtpunkt aus dem Horizont in den Zenit zu verlegen. War die Unendlichkeit des Horizonts schon eine Herausforderung gegenüber der althergebrachten Bildauffassung, so grenzte es nun fast an eine

Chorgitter aus der Klosterkirche in Weingarten. Um 1735
Eine perspektivische Illusion aus Schmiedeeisen

Wallfahrtskirche Vierzehnheiligen. 1743/71, von Balthasar Neumann, Grundriß

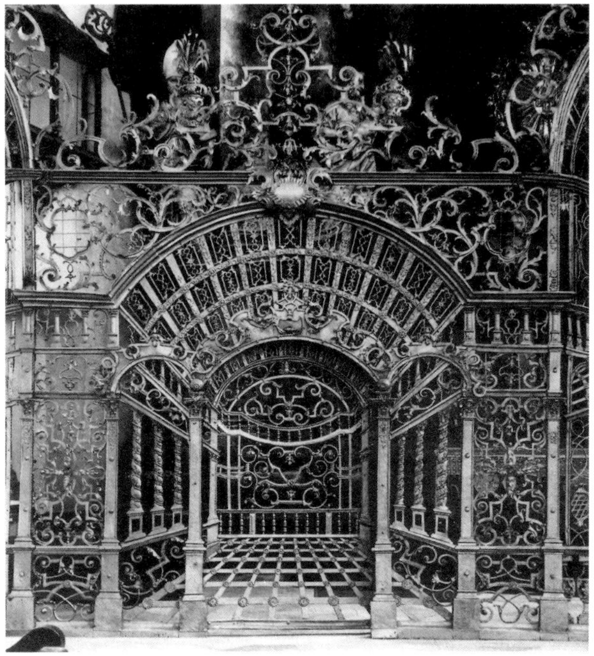

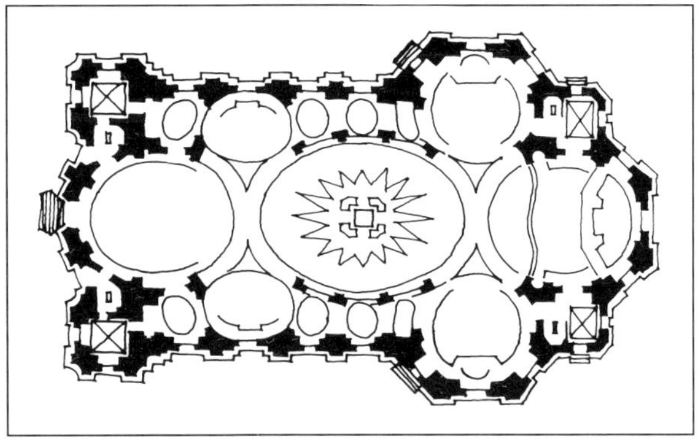

Karl Friedrich Schinkel,
Ansicht des Kapitolplatzes in Rom.
Um 1809, Zeichnung.
Berlin, Staatliche Museen
Preußischer Kulturbesitz,
Nationalgalerie,
Sammlung der Schinkelzeichnungen

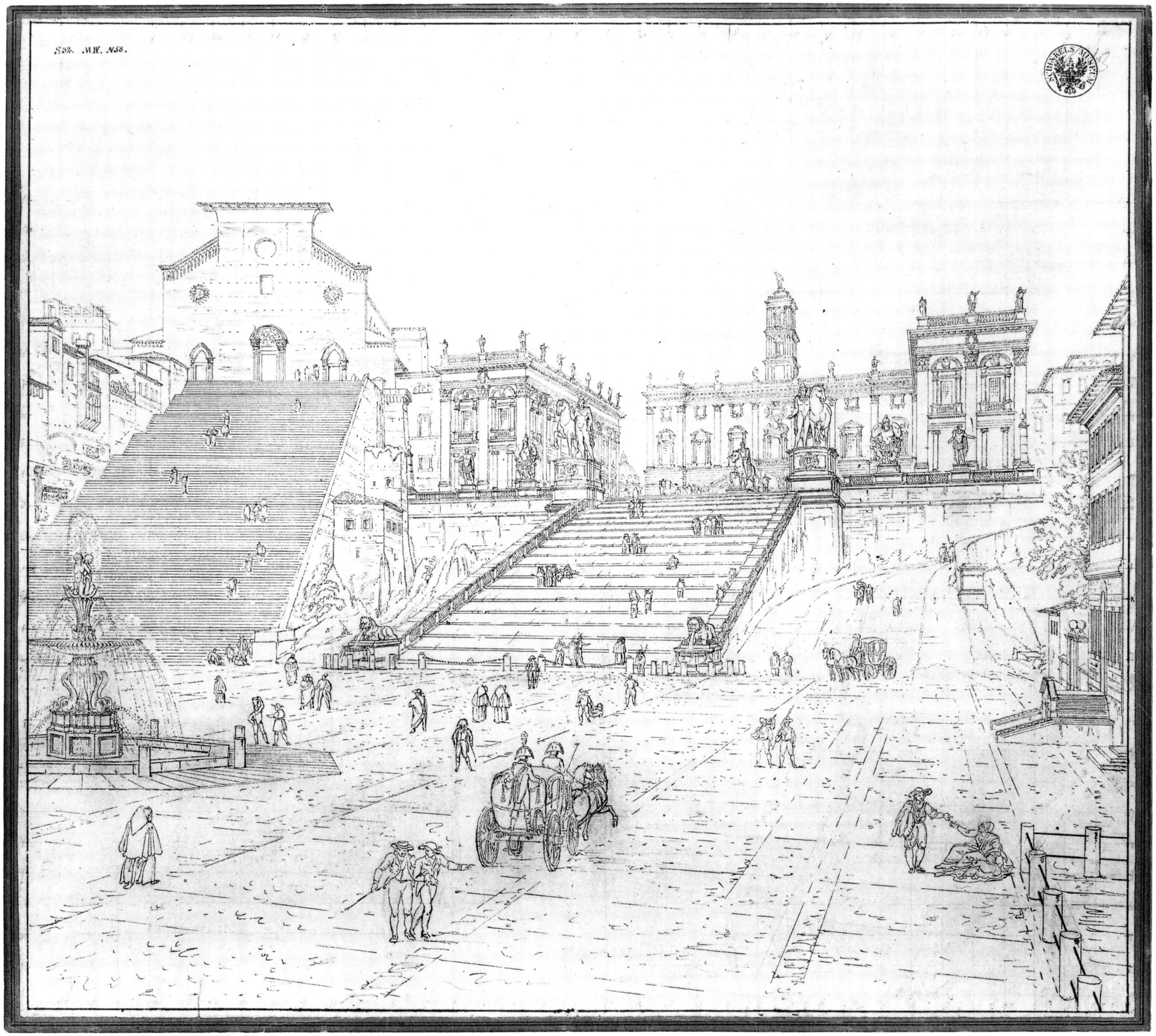

Provokation des Göttlichen, die Unendlichkeit eines himmlischen Fluchtpunktes zum Bildzentrum zu machen. Solche Möglichkeiten der Perspektive ergaben sich vor allem durch den mächtigen Sog der religiösen Ekstase der Gegenreformation. Sichtbar wird das besonders an einem der großartigsten Deckengemälde, die wir kennen: dem 1685 begonnenen Werk eines Jesuitenpaters. Es überspannt das Schiff der Jesuitenkirche Santa Ignazio zu Rom und verherrlicht als Allegorie das Missionswerk des Jesuitenordens. Jener Künstler, Andrea Pozzo (1642 - 1709), der neben seinem geistlichen Amt ein hervorragender Maler und Architekt war, verdient hier besondere Hervorhebung, denn von ihm stammt auch eine bedeutende Perspektivlehre aus den Jahren 1693 und 1698. In ihr widmet er dem Gebrauch des Zenitpunktes, des Fluchtpunktes der senkrecht stehenden Linien, breiten Raum. Die Konstruktionsweise dieses Sonderfalls ist offensichtlich ein persönlicher Beitrag Pozzos zur Perspektivtheorie seiner Zeit; danach gestaltete er in seinem römischen Deckengemälde das Hauptmotiv, die überaus vielfältig gegliederte Säulen- und Bogenarchitektur. Mit Hilfe des Distanzpunktverfahrens konstruierte er die sogenannten stürzenden Kantenlinien sowie deren starke Verkürzungen und setzte eine himmelwärts sich auftürmende Scheinarchitektur über dem wirklich vorhandenen Deckengesims fort. Auch jene zahlreichen die Szene belebenden Figuren folgen dem Prinzip der stürzenden Linien. Das Auge in vollem Maße überzeugend, gibt die stürzende Linie dennoch Rätsel auf: vor allem in der fotografischen Wiedergabe, wo sie in der Regel als störend empfunden und deshalb mit technischen Kunstgriffen »entzerrt« wird. Was das menschliche Sehvermögen in der Natur mit Selbstverständlichkeit akzeptiert, wird im Foto und meist auch im gemalten oder gezeichneten Bild verworfen. Keinerlei Unbehagen kommt auf, wenn die parallelen Kanten einer Straße zum Fluchtpunkt am Horizont hin konvergieren. Ganz anders hingegen, wenn im Foto die parallelen Kanten eines Turmes in gleicher Weise ihrem Fluchtpunkt im vertikalen Bereich zustreben; dann scheint unsere optisch-geistige Bildrezeption zu versagen, und man verlangt, daß der Zeichner bzw. der Fotograf - wider die Natur - die Fluchtung der Vertikalen aufhebt.

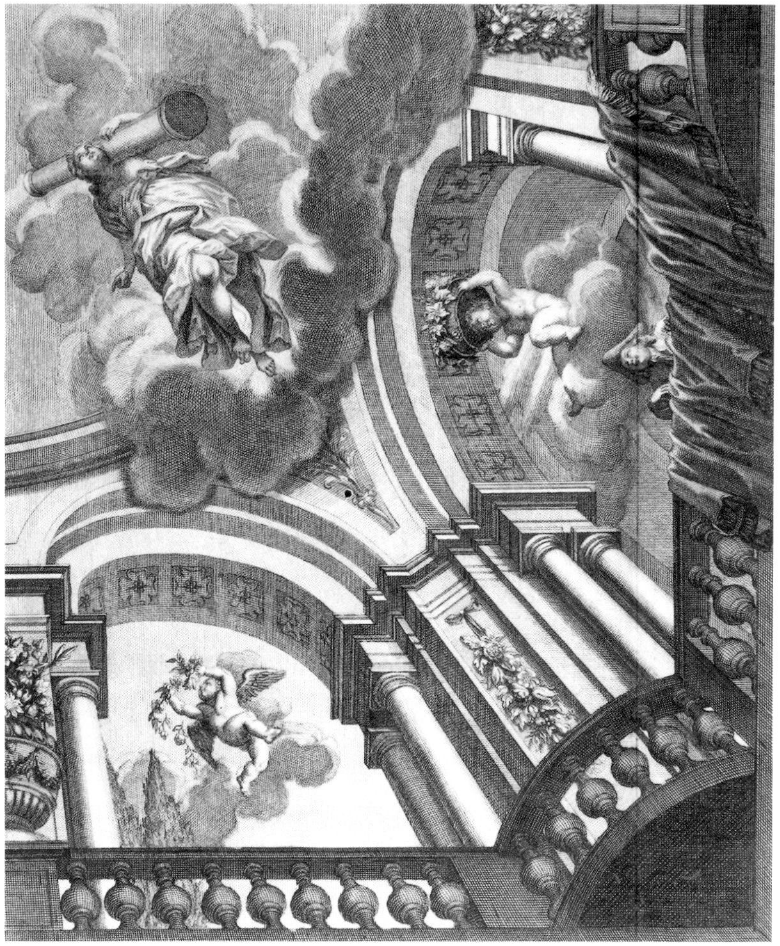

Zenitperspektive

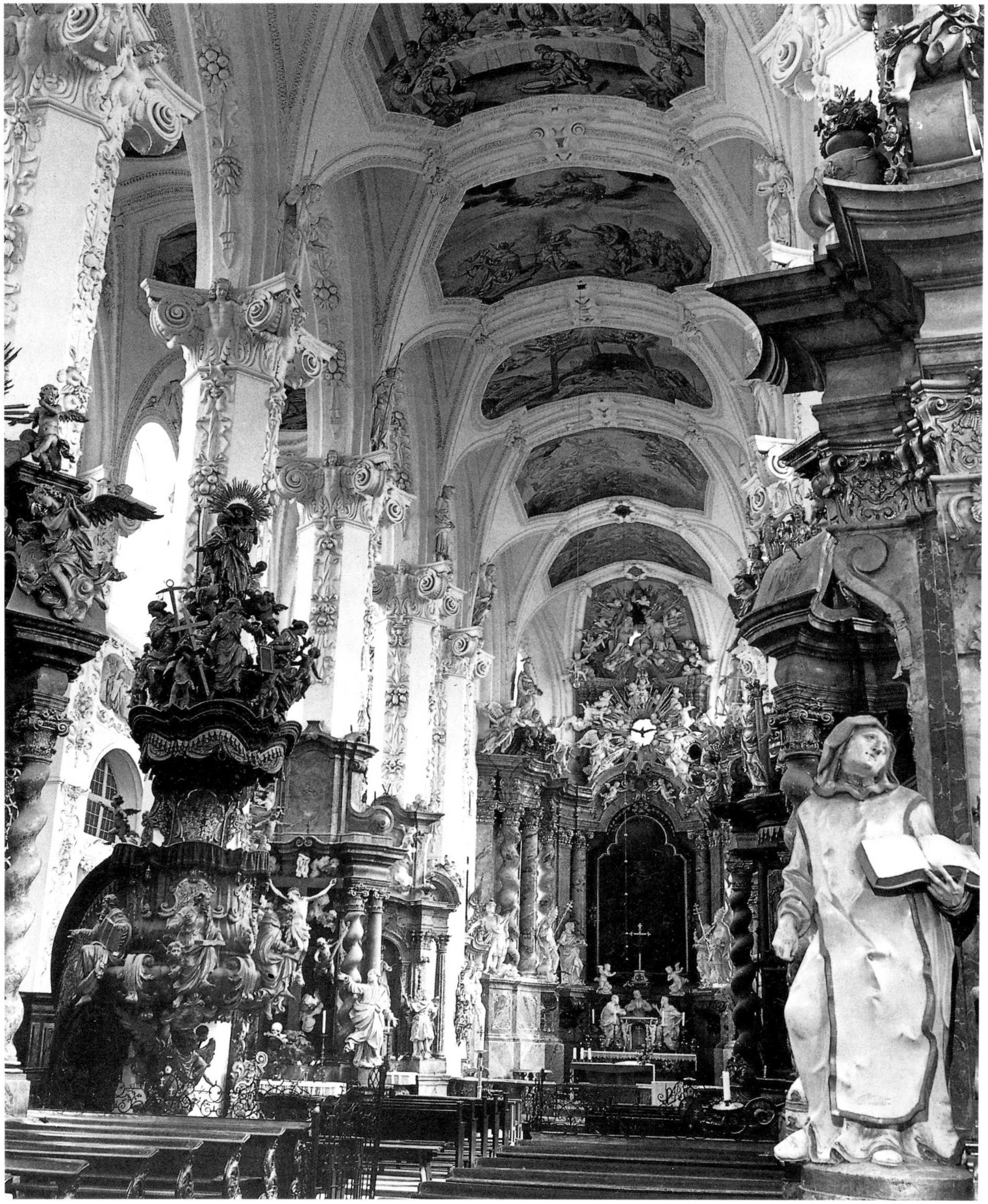

Stiftskirche Neuzelle. 1730/41
Ein neues Lebensgefühl und die virtuose Beherrschung der Perspektive führen zu unvergleichlich schönen und bewegten Formen und Räumen.

Vom Überschwang bis zur Verteufelung Das 19. Jahrhundert sah die Kunst der Perspektive auf einem hohen, gesicherten Postament. Bis in seine letzten Jahrzehnte hinein blieb es in den bildkünstlerischen Disziplinen bei der uneingeschränkten Vorherrschaft des Perspektivischen. Nach wie vor galt die Wertung Leonardo da Vincis, nach der die Perspektive als »Steuer und Kompaß der Malerei« wirken solle. Die Handhabung der inzwischen hochentwickelten Darstellungs- und Gestaltungsmethode war allgemein üblich und von einem Niveau, das uns heute noch beeindruckt. Von nicht geringer Auswirkung für diese Zeit waren auch die schon erwähnten römisch-pompejanischen Fresken und Mosaike, die seit dem Ende des 18. Jahrhunderts durch Grabungen freigelegt wurden. Die allgemeine Begeisterung über jene Schöpfungen überstrahlte jedoch die ihnen eigene kompositionelle Besonderheit, die Perspektivität. Erst später und nur vereinzelt würdigte man den hier zutage getretenen kunsthistorischen Nachweis, der die Fluchtpunktperspektive bereits der Antike zuschrieb. Allenfalls sehr zögerlich und keineswegs allgemein übereinstimmend, rückte man von der bislang vertretenen Auffassung über den Ursprung der Perspektive ab. In diesen Fällen wurde einräumend von einer »Wiederentdeckung« durch die Künstler der Renaissance gesprochen. Erst zu Beginn des 20. Jahrhunderts gab man hier und da auch der Vermutung Raum, daß in jenen römisch-antiken Malereien Spätformen der griechischen Bildkunst oder gar Kopien derselben zu sehen seien.

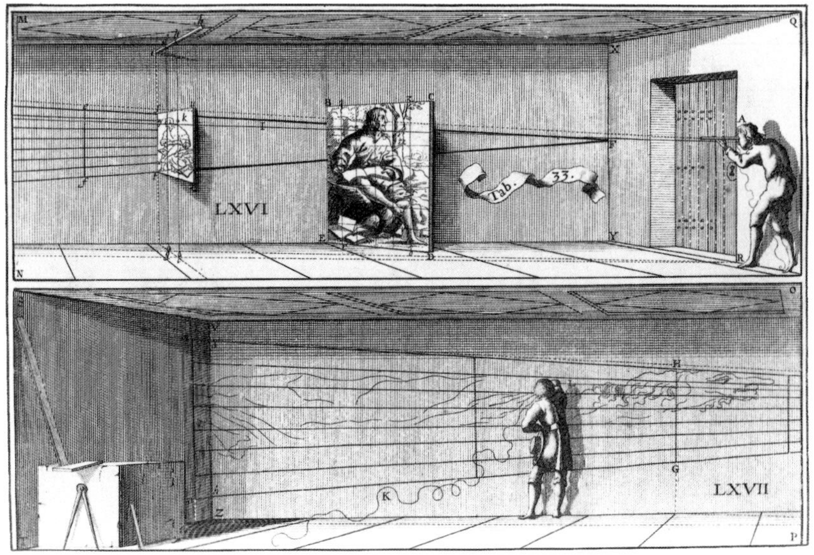

Jean François Niceron, Anamorphose, aus: »Thaumaturgis Opticus ...«, 1646. Berlin, Staatsbibliothek
Eine Anamorphose kann durch »schleifende Projektion« erreicht werden.

Wie allen Kunstperioden gemeinsam, kamen auch in der über fünf Jahrhunderte andauernden Epoche der neuzeitlichen Perspektive Erscheinungsformen auf, die eine Krise ankündigten. Perspektivische Vollendung, Überschwang und Absurdität gingen miteinander einher und sorgten für ein wechselvolles Bild.

Eine Erscheinung von besonderem Reiz ist die Anamorphose, die im 19. Jahrhundert ihre größte Verbreitung fand, in ihren Anfängen allerdings schon auf die Renaissance zurückgeht. Anamorphosen sind bildliche Darstellungen, die nur von einem einzigen ganz bestimmten Blickpunkt aus erkennbar sind, sich aber sonst als undefinierbare Farb- und Liniengebilde darbieten. Nur seitlich, bei extremer Verkürzung der Bildfläche, sind sie wahrnehmbar und erlangen plötzlich große räumliche Überzeugungskraft - ein Verschlüsselungsspiel, ein maleri-

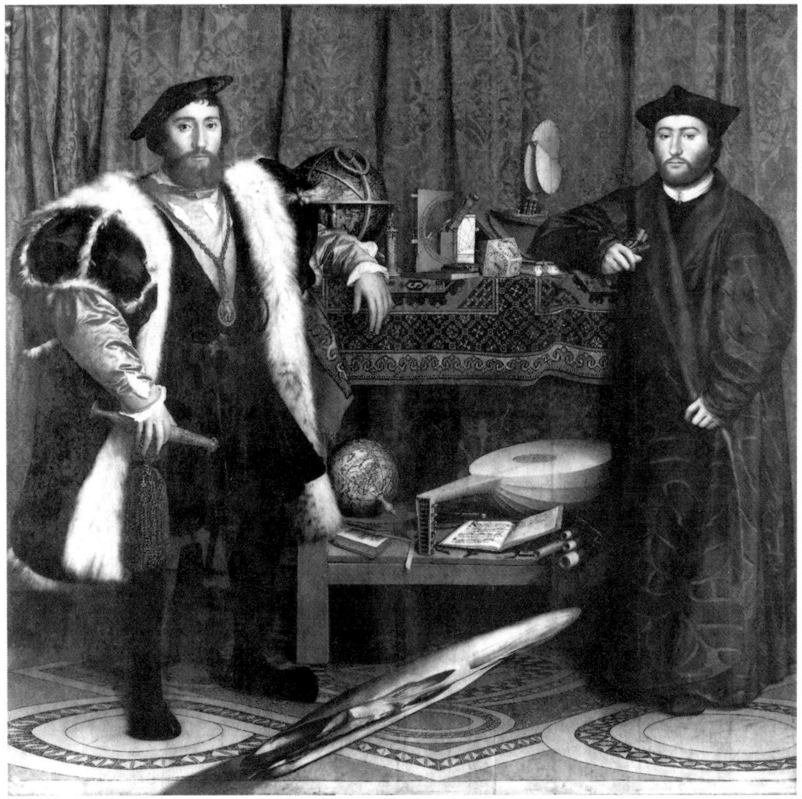

Hans Holbein d. J., Die Gesandten. 1533, Gemälde. London, National Gallery
Anamorphose eines Totenschädels im Vordergrund - ein Vanitassymbol als verzerrte Spiegelung.

scher Scherz. Solche Anamorphosen finden sich in der Kunst, doch ebenso als Rummelplatzattraktion und in frivolen Publikationen.

Täuschung und Verblüffung, doch auch Kunstgenuß, bot die Perspektive in einer weiteren Erscheinungsform, dem Trompe-l'oeil. Das »Lexikon der Kunst« erklärt den französischen Begriff, der wörtlich »Augentäuschung« besagt, als eine »illusionistische Malerei, die eine Verwechselung des Dargestellten mit dem Naturbild anstrebt«. Mit höchster darstellerischer und perspektivischer Fertigkeit sowie unter Anwendung von besonderen Kunstgriffen erreichte man weitestgehende Wirklichkeitsentsprechung. Dieses malerische Genre hatte ebenfalls seinen Ursprung in der Renaissance. Allerdings wurde es mehr dazu verwendet, Scheinarchitekturen und Stilleben zu schaffen. Erst im 18. Jahrhundert entwickelte sich die Kunstgattung, die wir als Trompe-l'oeil bewundern. Bis in unsere Zeit hat sie sich behaupten können - allerdings in sehr unterschiedlicher Weise, denn es ist immer wieder zu neuen Formen ihrer Anwendung gekommen, namentlich im Zusammenhang mit dem sogenannten Fotorealismus.

Das Spiel mit der Perspektive und der Überschwang, der aus der souveränen, geradezu akrobatischen Beherrschung von Methode und Technik erwuchs, führte u. a. zur »Kuriosen Perspektive« bzw. zu den »Unmöglichen Figuren«. Eine englische Perspektivlehre, die im Jahre 1754 gedruckt wurde, präsentierte sich mit dem Titelbild des englischen Malers und Graphikers William Hogarth (1697 - 1764), das auf sehr eigenwillige Weise die Möglichkeiten der Perspektive zeigt, selbst die Welt des Unrealen glaubhaft täuschend auf dem Zeichen- oder Malgrund vorführen zu können. Diese Eigenschaft empfanden viele Künstler als ein willkommenes Äquivalent gegenüber den Unzulänglichkeiten der perspektivischen Konstruktion, die sich immer wieder einengend auftaten. Die Perspektive der »Unmöglichen Figuren« - Bilder der Unwirklichkeit - wurde daher bis in unsere Zeit hinein als künstlerisches Mittel weiter gepflegt. Aus der Vielzahl ihrer Spielarten verdient das Werk des Niederländers Maurits Cornelis Escher (1898 - 1972) besondere Würdigung. Mit geometrischer Exaktheit und auf physikalischen Erkenntnissen basierend, konstruierte er seine Graphiken. In ihnen geht die Poesie mit der Rationalität Verbindungen ein, die einzigartig in Ausdruck und Bildsprache sind. »Das Ergebnis ist ein intellektuelles Verwirrspiel mit

Dimensionen und Perspektiven, das dem Betrachter die Gewohnheiten und Grenzen seiner Sinne vor Augen hält«, sagt Bruno Ernst in einer 1985 erschienenen Monographie über den Künstler. Escher widmete sich auch der geometrischen und perspektivisch-axonometrischen Darstellung räumlicher und körperlicher Gebilde, die in gleicher Weise wie die »Unmöglichen Figuren« dem künstlerischen Erfindungsdrang ein weites Feld bieten.

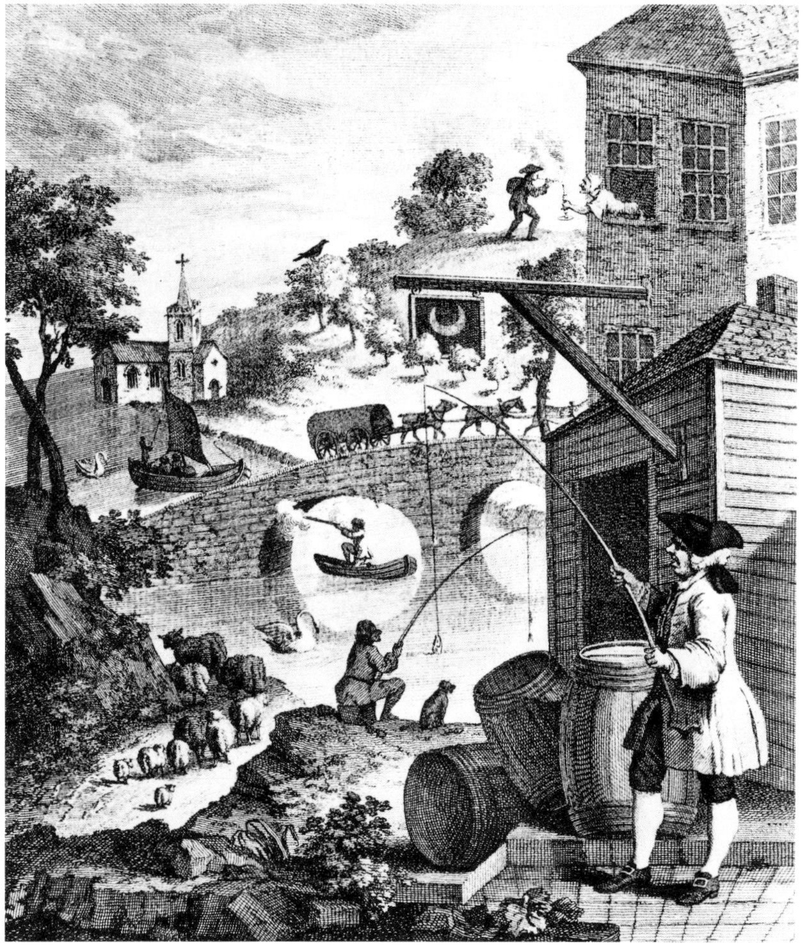

William Hogarth, Falsche Perspektive, aus: »Dr. Brook Taylors Method of Perspective« von John Kirby, 1754

Bereits gegen Ende des 19. Jahrhunderts, mit dem Aufkommen des Impressionismus, hatte sich die Einstellung zur Perspektive gewandelt. Deren Perfektion wie auch die kunstvollen und trickreichen Besonderheiten verloren ihre Faszination. Eine von Grund auf veränderte Auffassung trat hervor, das Interesse an räumlicher Tiefe verlagerte sich mehr und mehr auf Fragen des optischen Eindrucks und der optischen Verhältnismäßigkeit. Diese Wandlung war nicht etwa eine Folge des Überdrusses, sondern sie ergab sich aus dem veränderten Lebensgefühl der modernen Welt. Dem impressionistischen Maler ging es vor allem um den Eindruck der Farbigkeit, die er in ihrer atmosphärisch-transparenten Wirkung zu erfassen suchte. Ihr Spiel rief die Raumillusion ohne fluchtende Linien hervor. Unter den Meistern dieser Zeit nimmt Paul Cézanne (1839 - 1906) eine besondere Stellung ein. Er ist einer der bedeutendsten Vollender und zugleich der Überwinder des Impressionismus. Der Tendenz, die Malerei in farbigem Dunst aufzulösen, setzte er die volle Erkenntnis der Dinge, die Verschmelzung von gesehener und gefühlter Natur entgegen. Dadurch gelangte er zu einer neuen Stabilität des Bildbaus, ohne zur klassischen Perspektive zurückzukehren.
Von Cézannes Vorbild ausgehend, entwickelten die Expressionisten, insbesondere aber auch die Künstler des Kubismus, den ganzen Reichtum ihrer Bildschöpfungen. Mit Leidenschaft wiesen sie die Perspektive als Gestaltungsmittel von sich. Sie gingen von der Flächigkeit des Bildes aus und unterwarfen alle bildlichen Elemente ihrem Ausdrucksverlangen.
Einer kostbaren exotischen Blüte gleich entfaltete sich der Jugendstil, der in einer relativ kurzen Zeitspanne nach der Jahrhundertwende in fast allen Disziplinen der bildenden und angewandten Kunst eine bedeutende Rolle spielte. In der Regel ging seine Bildauffassung gleichfalls von der Fläche aus. Perspektivische Tiefe meidend, trieben die Meister des Ju-

Aubrey Beardsley, Pfauenkleid. 1894, Illustration zu »Salome« von Oscar Wilde. Abkehr von der Perspektive

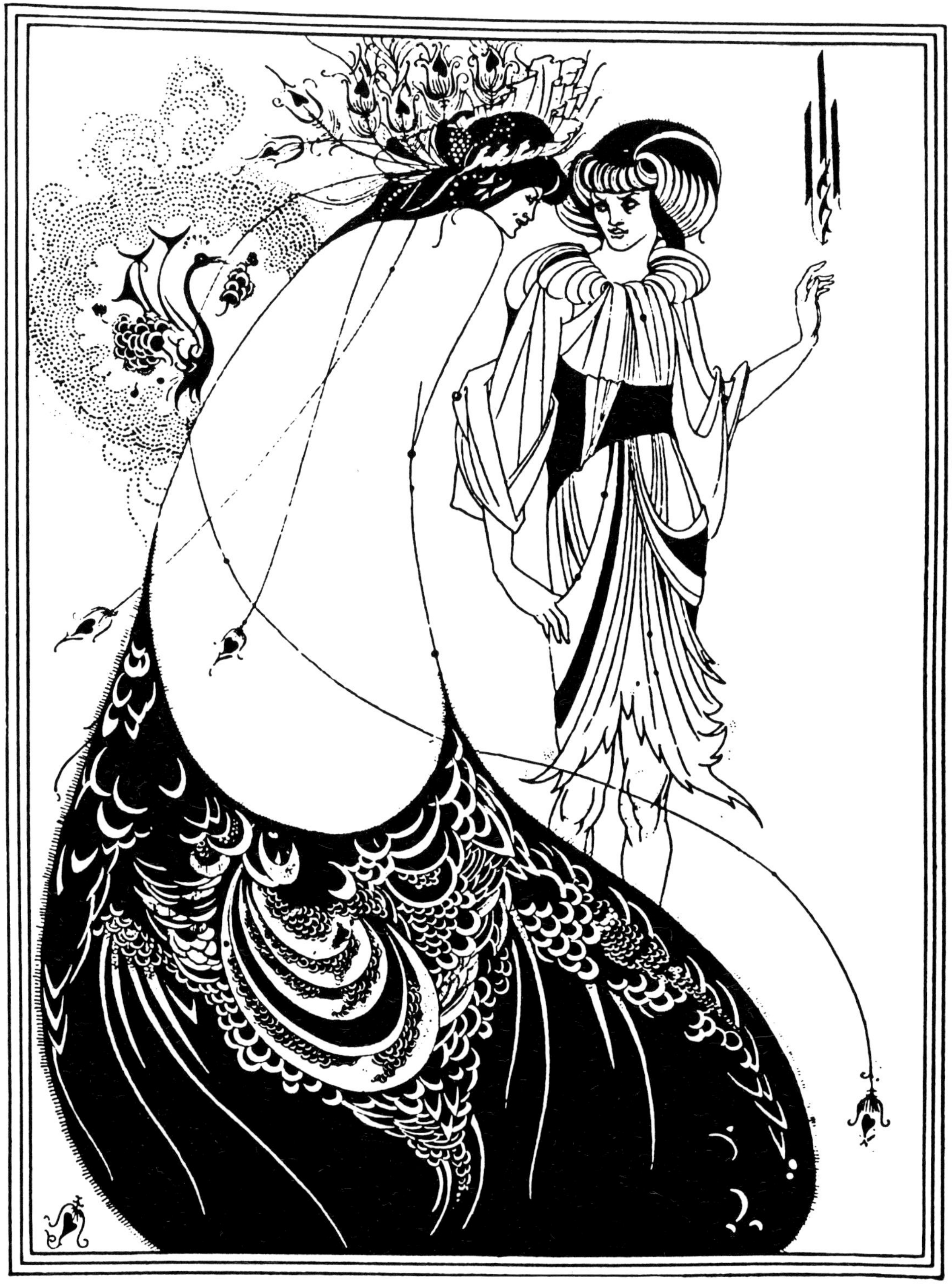

gendstils mit der fließenden Linie, mit organisch-ornamentalen Formen ein rhythmisches, schwingendes, phantastisches, zuweilen ekstatisches Spiel.
Erst in den Schöpfungen der Neuen Sachlichkeit und des Surrealismus konnte die Zentralperspektive nach fünfzigjähriger Mißachtung aufs neue gestaltbildend und ausdruckprägend wirken, freilich nur innerhalb einer kleinen Zeitspanne während der zwanziger und dreißiger Jahre unseres Jahrhunderts.

Karl Schmidt-Rottluff, Blick vom Balkon. 1913, Holzschnitt
Abkehr von der Perspektive als Anliegen einer künstlerischen Bildauffassung

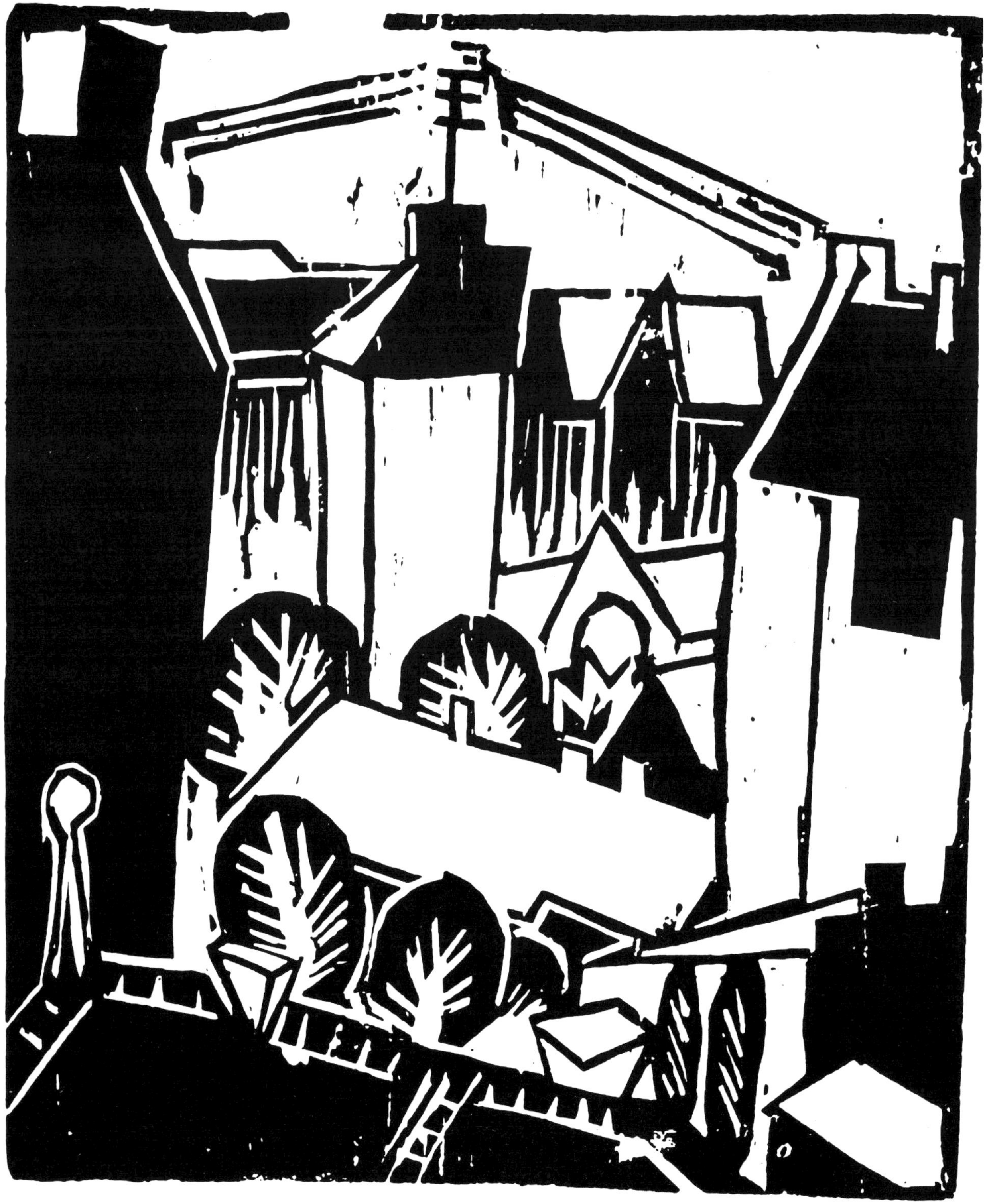

Die Perspektive auf neuen Wegen An bestimmten Tendenzen der jüngeren und jüngsten Entwicklung von Malerei und Graphik wird deutlich, daß sich die Perspektive aufs neue Geltung verschafft hat, daß sie als ein nach wie vor wesentliches künstlerisches Gestaltungselement neue Anerkennung gewinnt. Zudem spricht aus den vielgestaltigen Formen ihrer Anwendung eine zeitgerechte, durch naturwissenschaftliche und wahrnehmungspsychologische Erkenntnisse gewachsene kritische Sicht. Untrennbar verbunden mit der Würdigung der spezifischen kreativen Spielräume der Perspektive ist die reale Einschätzung ihrer Wirklichkeitsnähe. Diese ist durch die unausweichlich starre Momentdarstellung der Realität eingeschränkt wie auch durch die »schematische Geradlinigkeit der mathematischen Perspektivkonstruktion, die an sich schon ein Abstraktum ist, weil sie ein vollkommen homogenes Raumkontinuum vorspiegelt, das es in der Natur nicht gibt«. So äußert sich ganz im Sinne der gegenwärtigen Auffassungen zur traditionellen Perspektivanwendung der Maler Ben Willikens (geb. 1939), der intensiv in das Wesen und die Methode der klassischen Perspektive eingedrungen ist und durch sie in seinem Schaffen geprägt wurde. Auch viele andere Künstler haben im Ausdrucksmittel Perspektive einen wesentlichen Faktor für ihre Werke gefunden und es in ganz persönlicher Weise eingesetzt.

Aus der immer erneuten Beschäftigung mit den perspektivischen Möglichkeiten erwuchs und erwächst ein erstaunlich vielfältiges, die Kunstlandschaft bereicherndes Erscheinungsbild, wenn man etwa an so unterschiedliche Maler vergangener Jahrzehnte wie den Spanier Salvador Dali (1904 - 1989), den Deutschen Oskar Nerlinger (1893 - 1969), den Ungarn Victor Vasarely (geb. 1908), den Belgier René Magritte (1898 - 1967) und den schon erwähnten Niederländer Maurits Cornelis Escher denkt.

Alles deutet darauf hin, daß die Vielfalt, die Lebhaftigkeit und Ausdruckskraft, mit denen die Perspektive gegenwärtig hervortritt, auch in der noch vor uns liegenden Entwicklung bestehen und zu neuen Erscheinungsformen führen wird. Malerei und Graphik werden hierbei wohl im Vordergrund bleiben, doch auch die Szenographie wird in Bühnenbild und Bühnenarchitektur neben dem traditionellen Gebrauch auch zu neuen Lösungen vordrin-

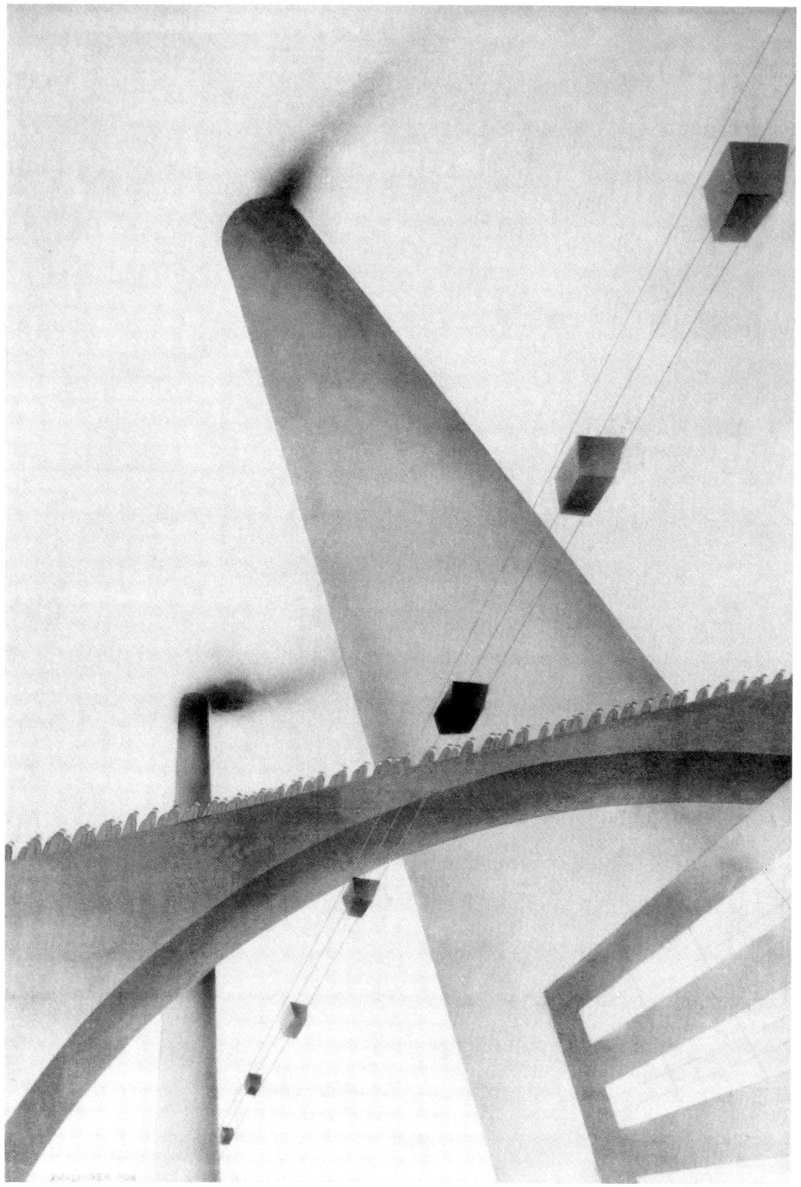

Oskar Nerlinger, An die Arbeit. 1929, Gemälde. Staatliche Galerie Moritzburg Halle/Saale
In der Neuen Sachlichkeit ist die Anwendung der Perspektive wieder ein Ausdruckswert, der auf eine bewußte Weltsicht hinweist.

gen. Kraftvoll und ideenreich setzt die Gebrauchsgraphik das perspektivische Element ein und führt es, namentlich in der Werbung, zu hoher künstlerischer Qualität. Die dabei freigesetzte Dynamik, gesteigert durch den zeichnenden und druckenden Computer, wird auch die zukünftige Entwicklung bestimmen und ohne Zweifel zu Formen und Wirkungen führen, die unsere heutigen Vorstellungen übertreffen.

Das weite Feld der bild- und raumkünstlerischen Gestaltung, die Mannigfaltigkeit und das große Vermögen aller in unsere Hände gegebenen Mittel und nicht zuletzt der gestiegene Anspruch an Kunst und Gestaltung wird auch die Perspektive auf neuen Wegen zu neuen Zielen führen - zu neuer Faszination.

Echternacher Evangeliar, Illustration zum Matthäus-Evangeliar. 2. Drittel 11. Jh., Ottonische Buchmalerei der Echternacher Schule. Nürnberg, Germanisches Nationalmuseum
Flächige, nach mittelalterlichen Darstellungsgrundsätzen gemalte Miniatur, die im unteren Bildteil zaghaft Körperlichkeit und Raum andeutet

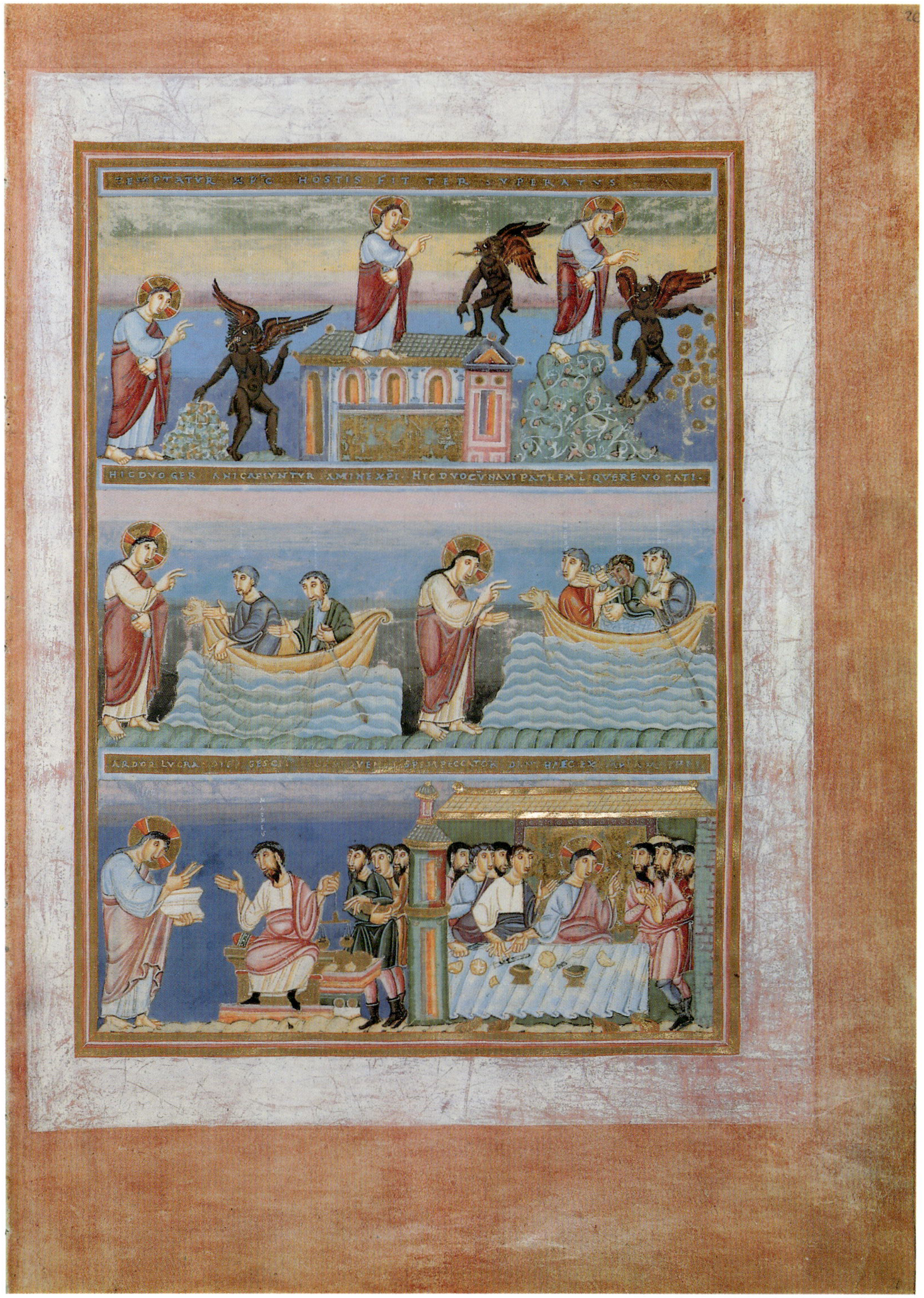

Ambrogio Lorenzetti, Das gute Stadtregiment (Ausschnitt). 1338–1340, Fresko. Siena, Palazzo Publico (Sala dei Nove)
Eine vielgestaltige und aufgelockerte Axonometrie, die räumliche Tiefe entstehen läßt und im Ansatz Fluchtungen aufweist.

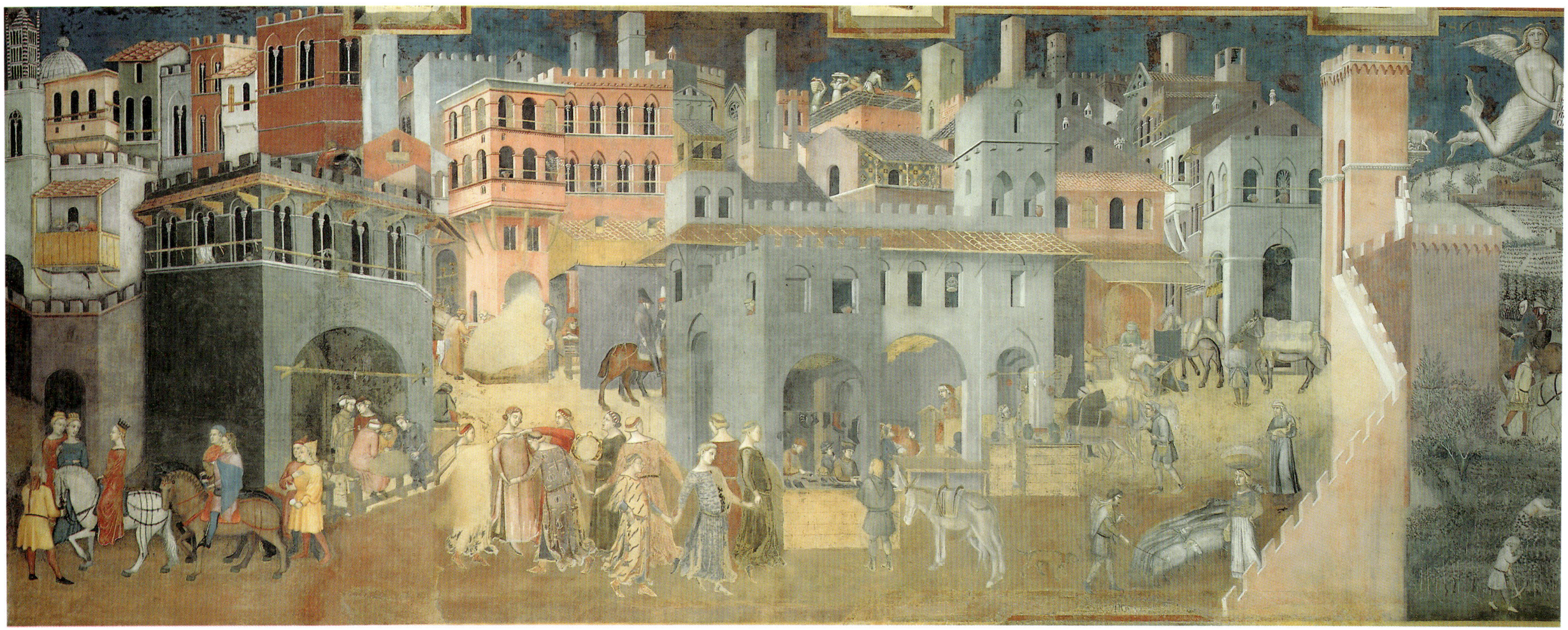

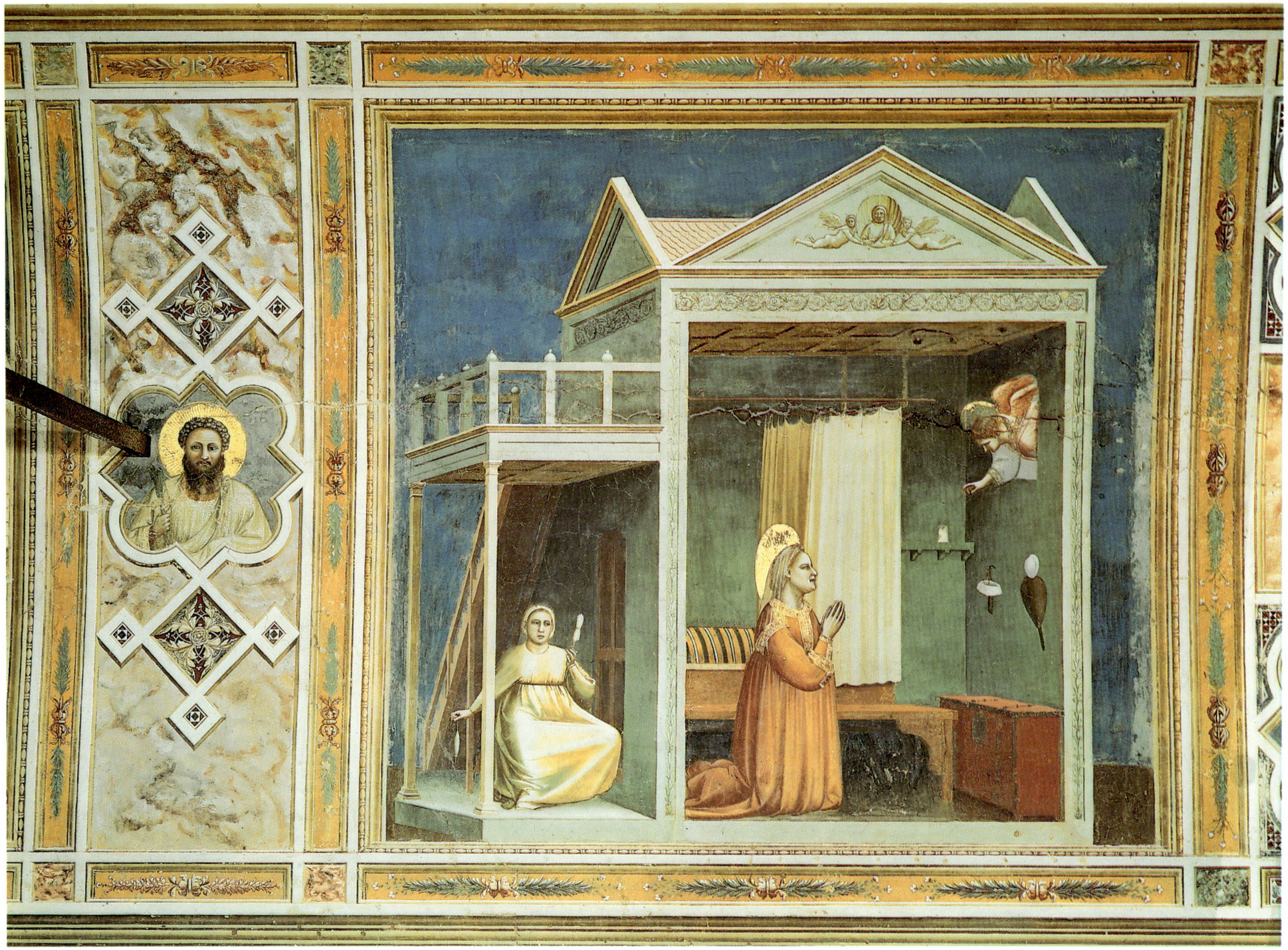

Giotto, Die Verkündigung der hl. Anna. 1303/08,
Fresko. Padua, Arena Kapelle
Im Grundschema axonometrisch, zeigt der linke
Bildbereich bereits fluchtende Tiefenlinien.

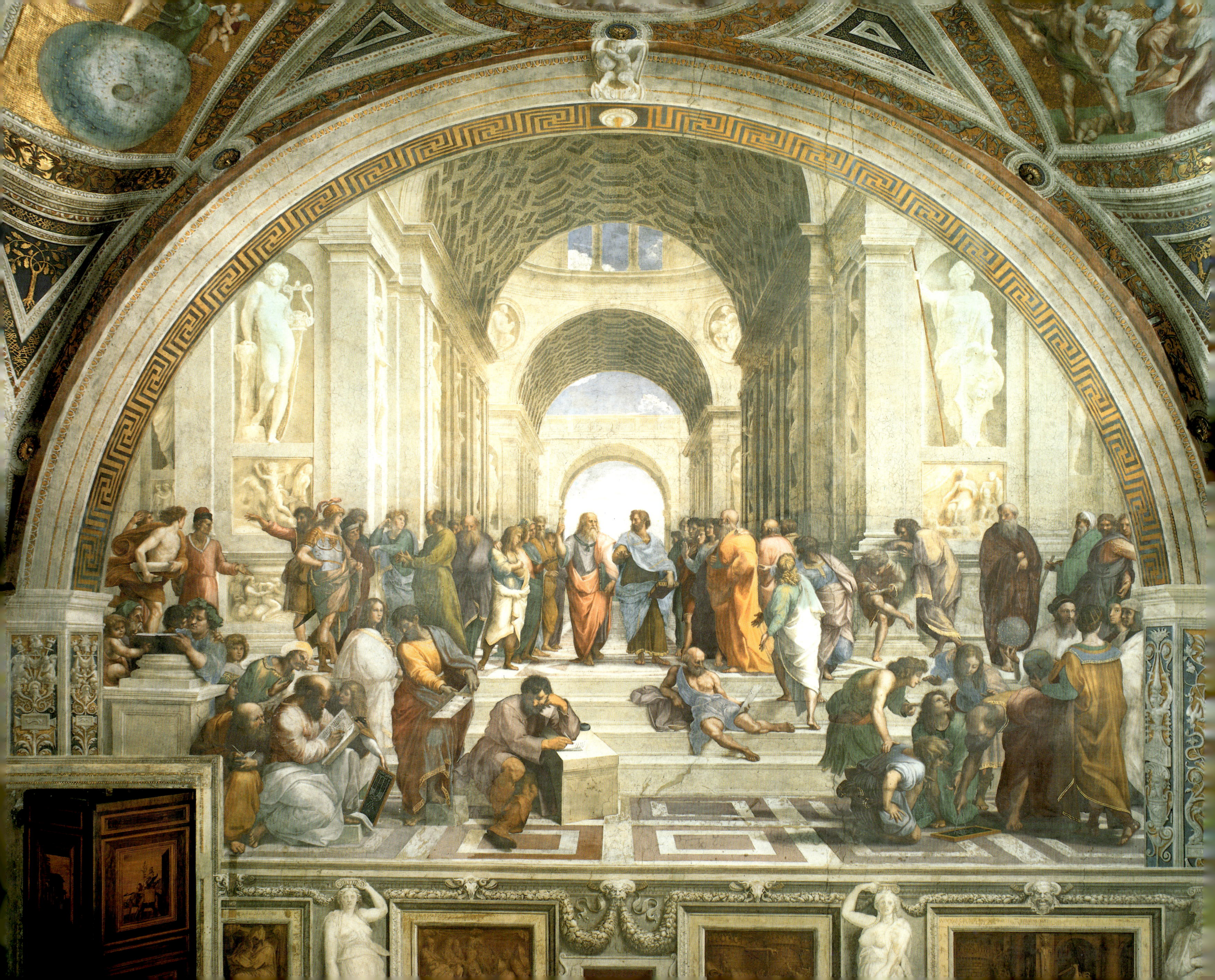

Hubert Robert, Die Auffindung des Laokoon (Ausschnitt). 1773, Öl auf Leinwand, 119,5×162,5 cm. Richmond, Virginia Museum of Fine Art, The Arthur and Margaret Glasgow Fund. Suggestive Raumdarstellung durch Zentralperspektive mit Fluchtpunkt im Goldenen Schnitt

Seite 68:
Raffael, Die Schule von Athen. 1510/11, Fresko. Rom, Palazzo Vaticano (Stanza della Segnatura) Ein Weltereignis in der Malerei und zugleich eine der großartigsten Frontalperspektiven

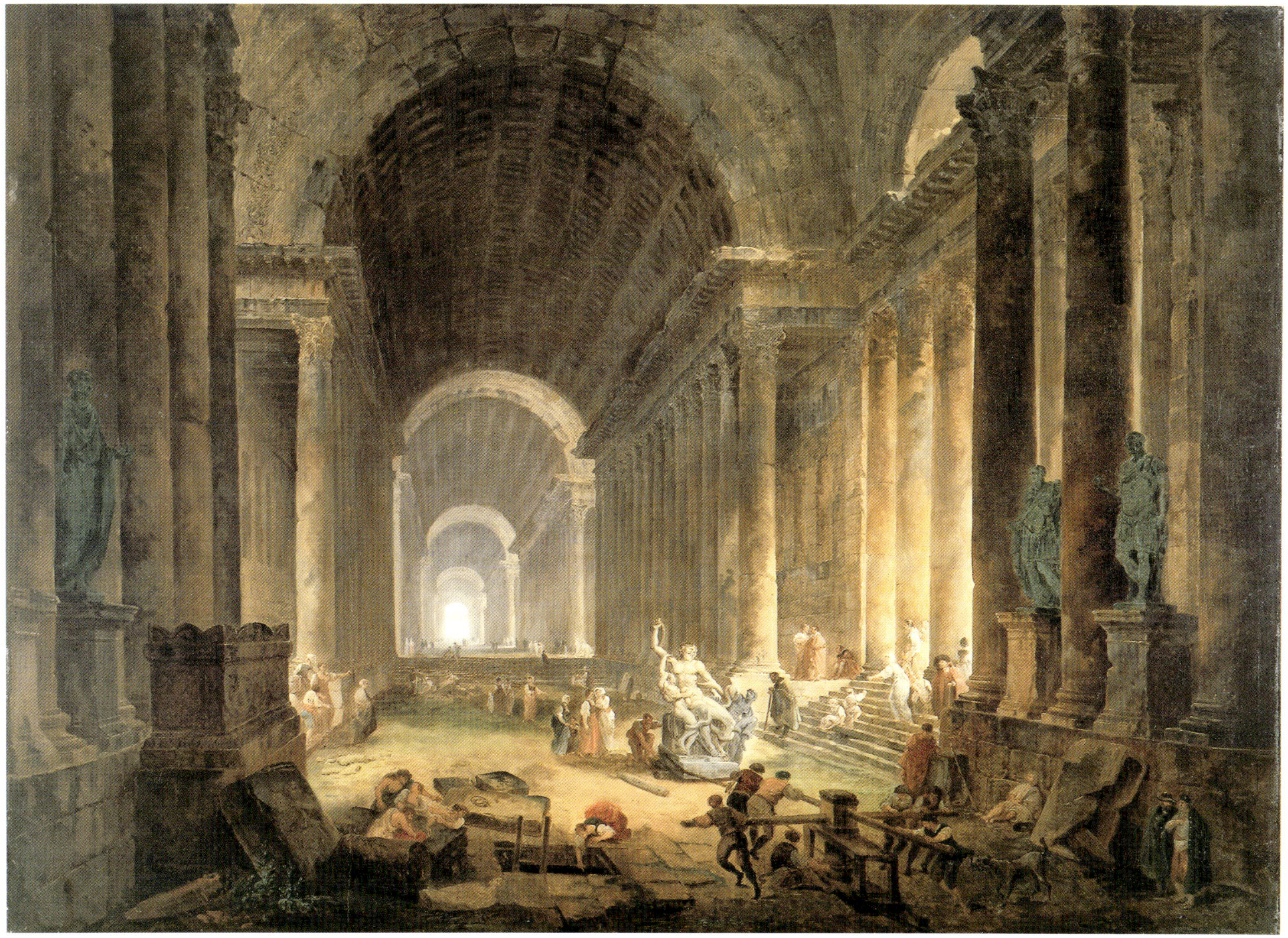

Giovanni Paolo Pannini, Die Galerie des Kardinals Valenti. 1749, Öl auf Leinwand, 198×265 cm. Hartford/Conn., Wadsworth Atheneum
Hier ist der visionäre perspektivische Raum dominierender Gegenstand des Bildes.

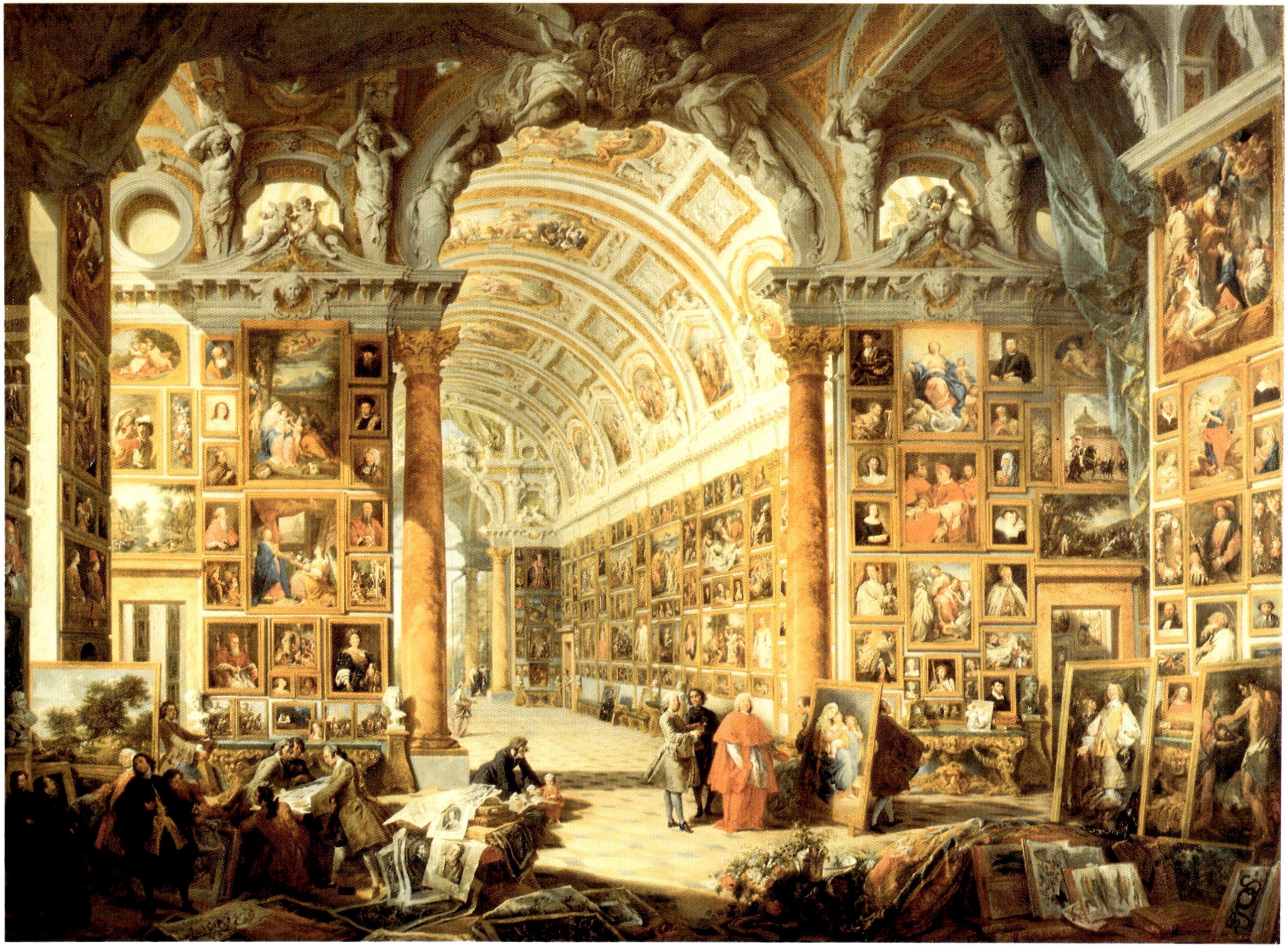

Hendrick van Steenwyck d. J., Inneres einer gotischen Kirche. 1609, Gemälde auf Kupfer, 34,5×53,5 cm.
Dresden, Staatliche Kunstsammlungen
Gebaute Perspektive im Dienste der Liturgie

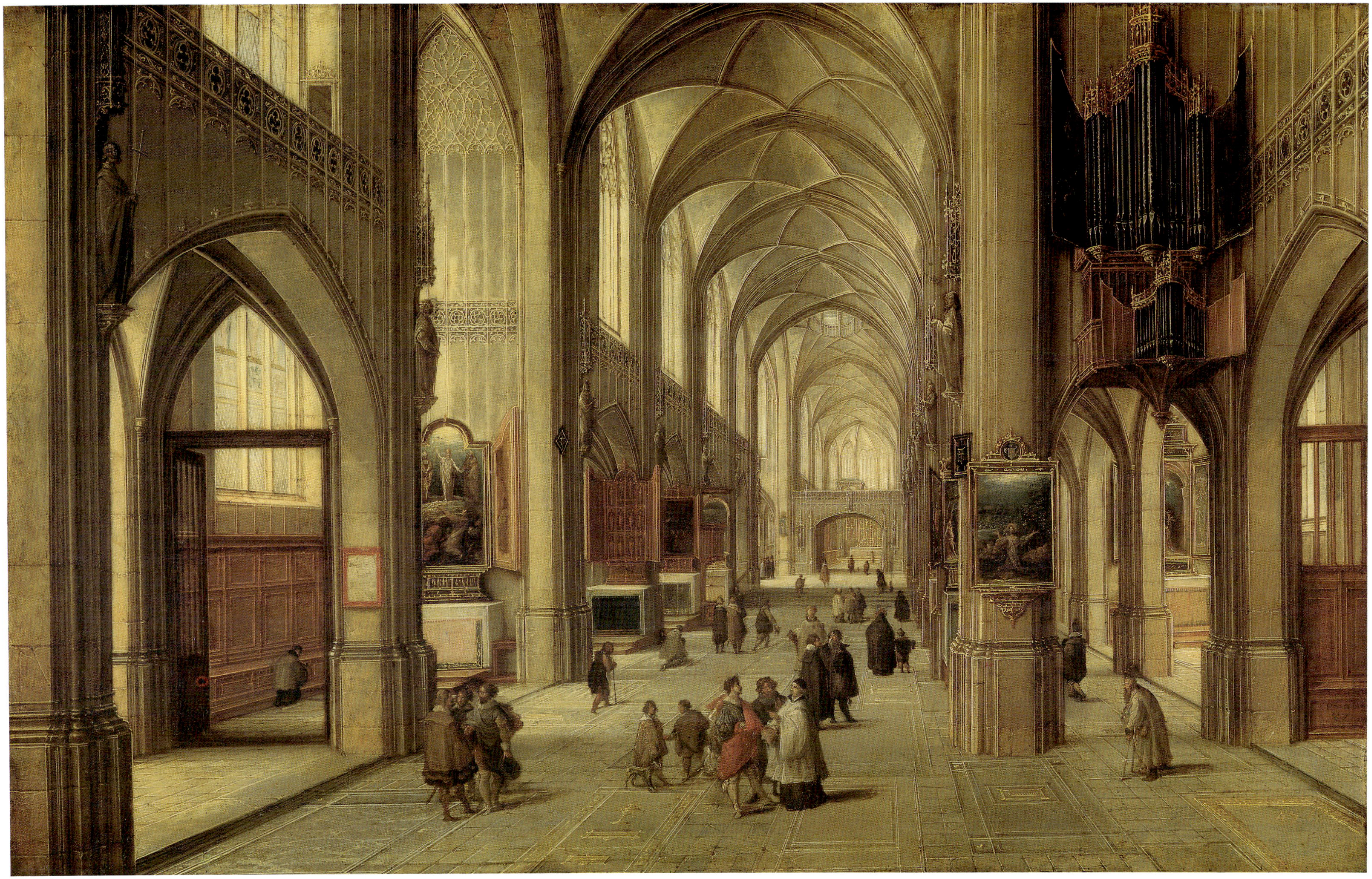

Cornelis Gijsbrechts, Stilleben mit Vorhang.
Nachweisbar zwischen 1659 und 1675,
Öl auf Leinwand, 132×198,5 cm. Kopenhagen,
Statens Museum for Kunst
Illusionäres Spiel durch Perspektive

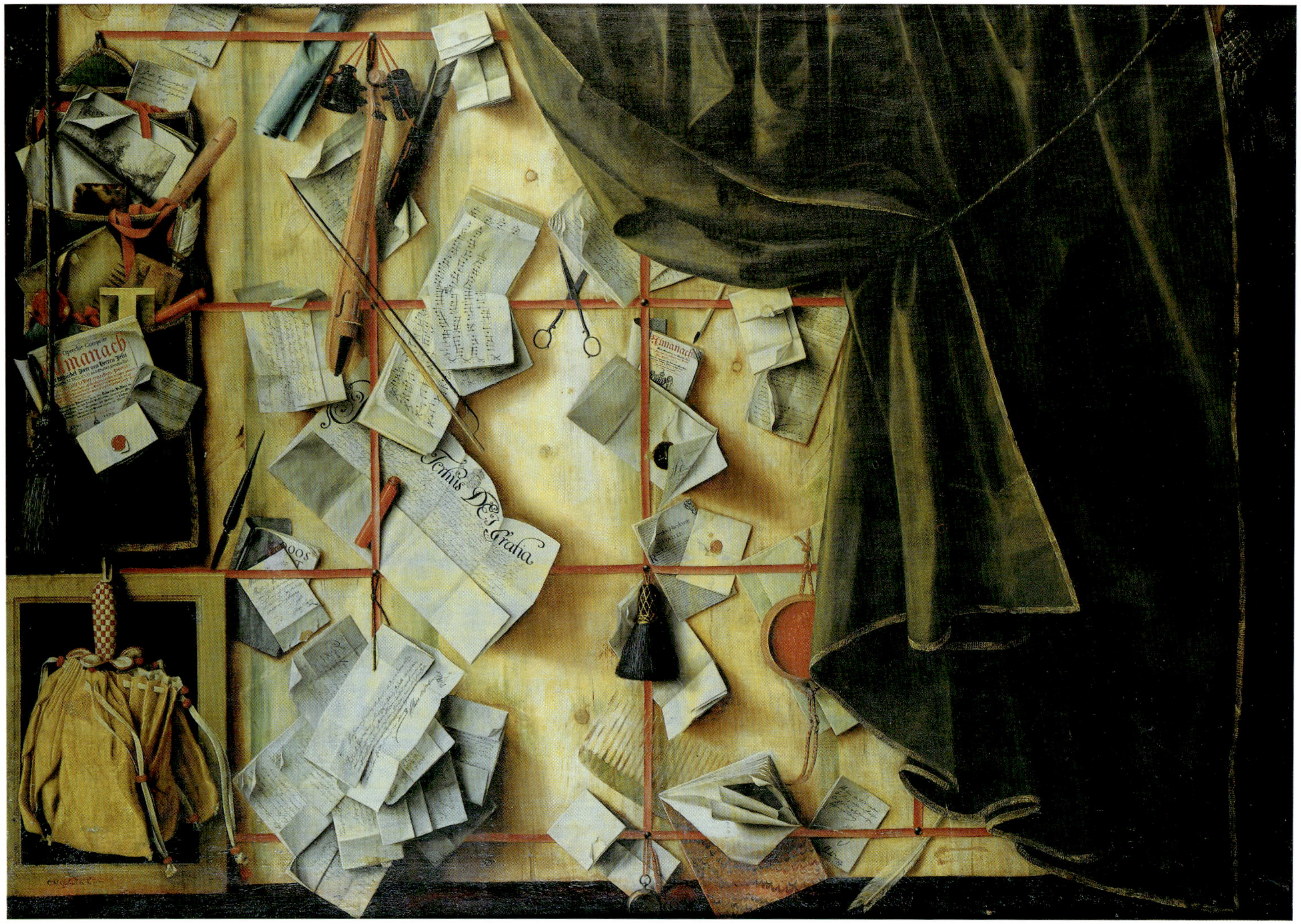

Andrea Pozzo, Allegorie des Missionswerkes der Jesuiten (Deckengemälde im Langhausgewölbe). 1691–1694. Rom, St. Ignazio
Mönch und Künstler, Meister in Theorie und Praxis, verband er Himmel und Erde durch perspektivische Illusion. Seine Mittel: lineare Perspektive, Farbnuancierung und »Prospettiva spedizione«.

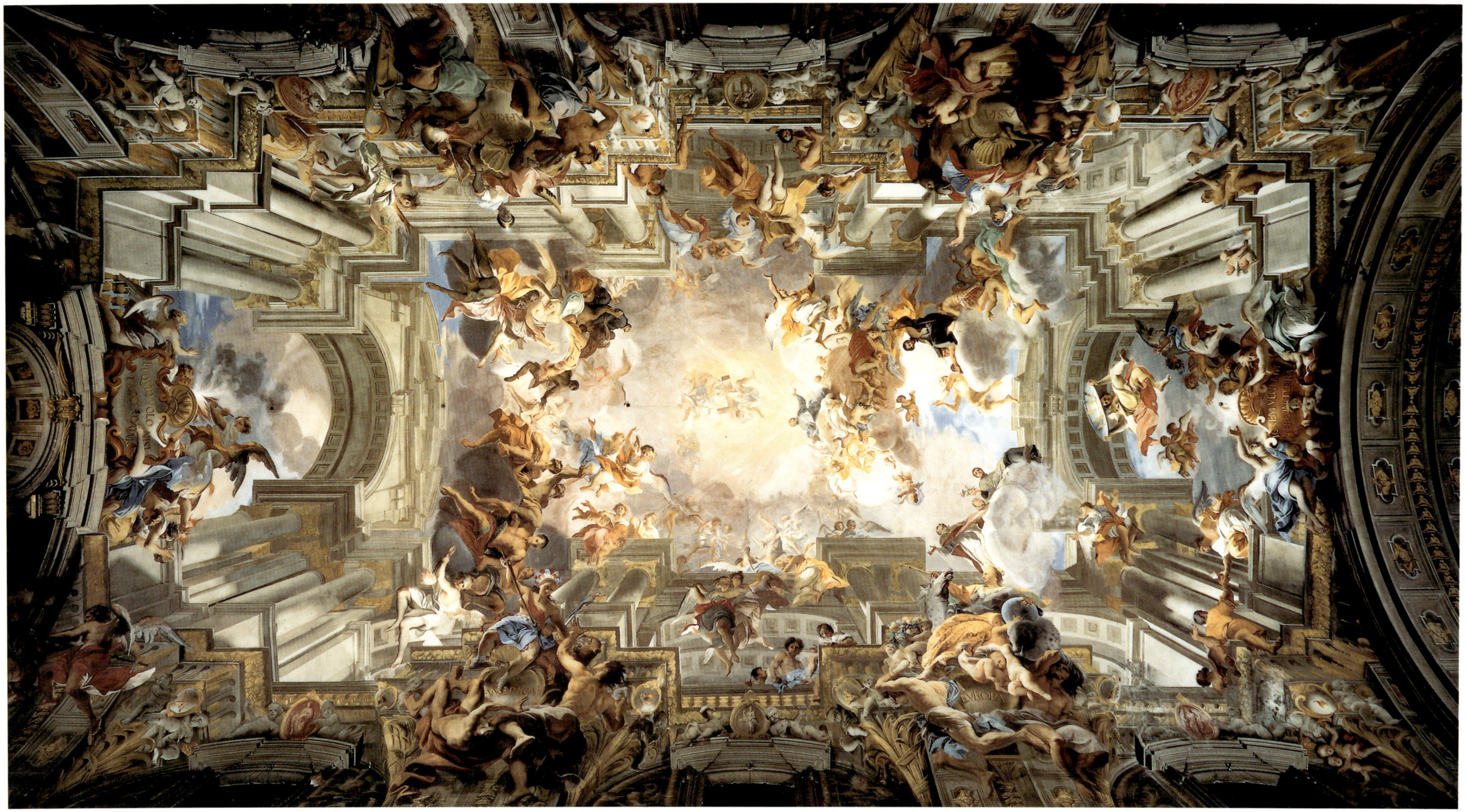

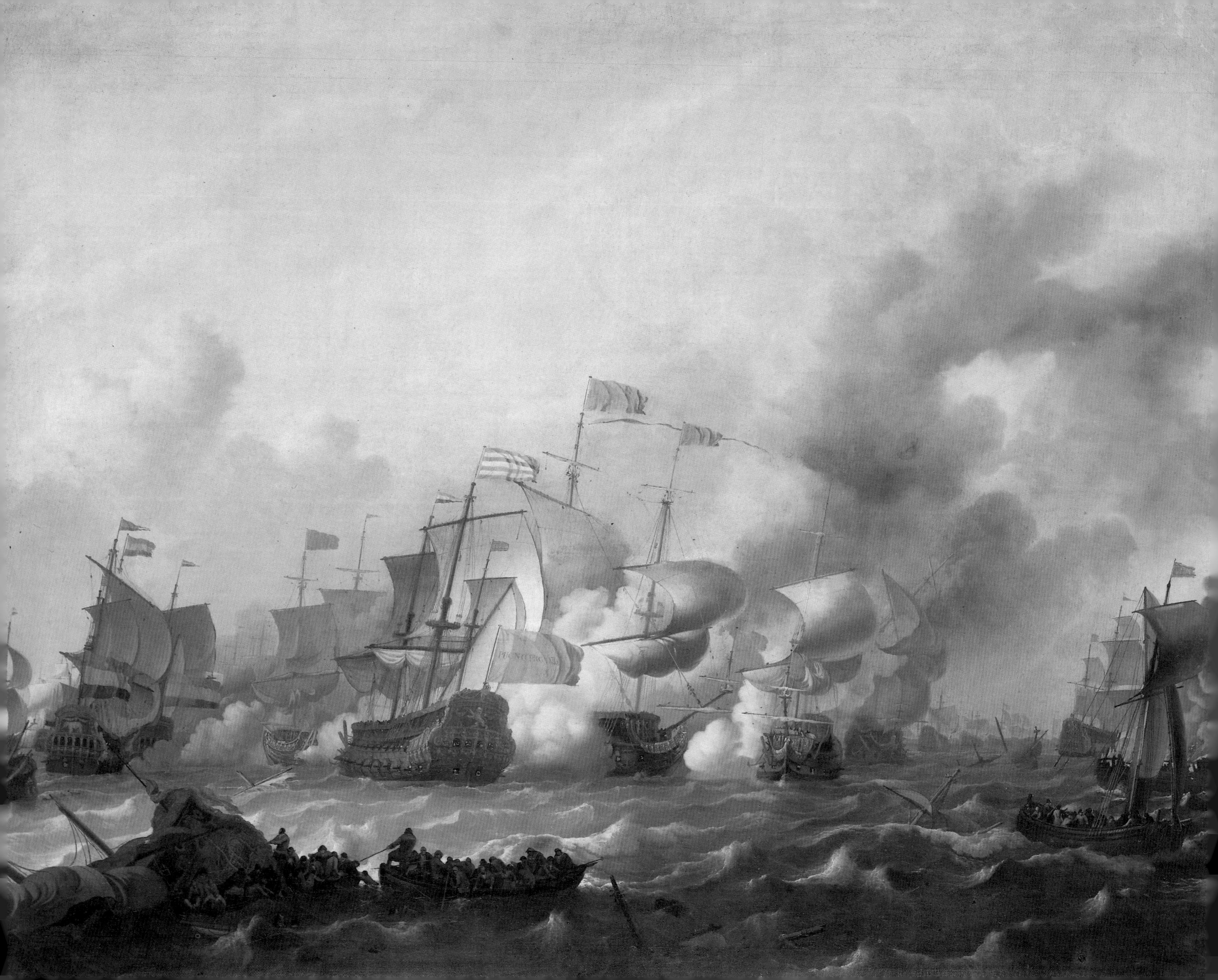

Seite 74:
Ludolf Backhuysen, Eine Seeschlacht zwischen Holländern und Engländern. Nach 1673, Öl auf Leinwand, 94×113 cm.
Dresden, Staatliche Kunstsammlungen
Bildtiefe ohne Fluchtlinien

Bernardo Bellotto, gen. Canaletto, Der alte Ponte delle Navi in Verona. 1747/48, Öl auf Leinwand, 133×234 cm.
Dresden, Staatliche Kunstsammlungen
Mit der Camera obscura zu eindrucksvollen Stadtporträts – künstlerisch-technische Meisterstücke

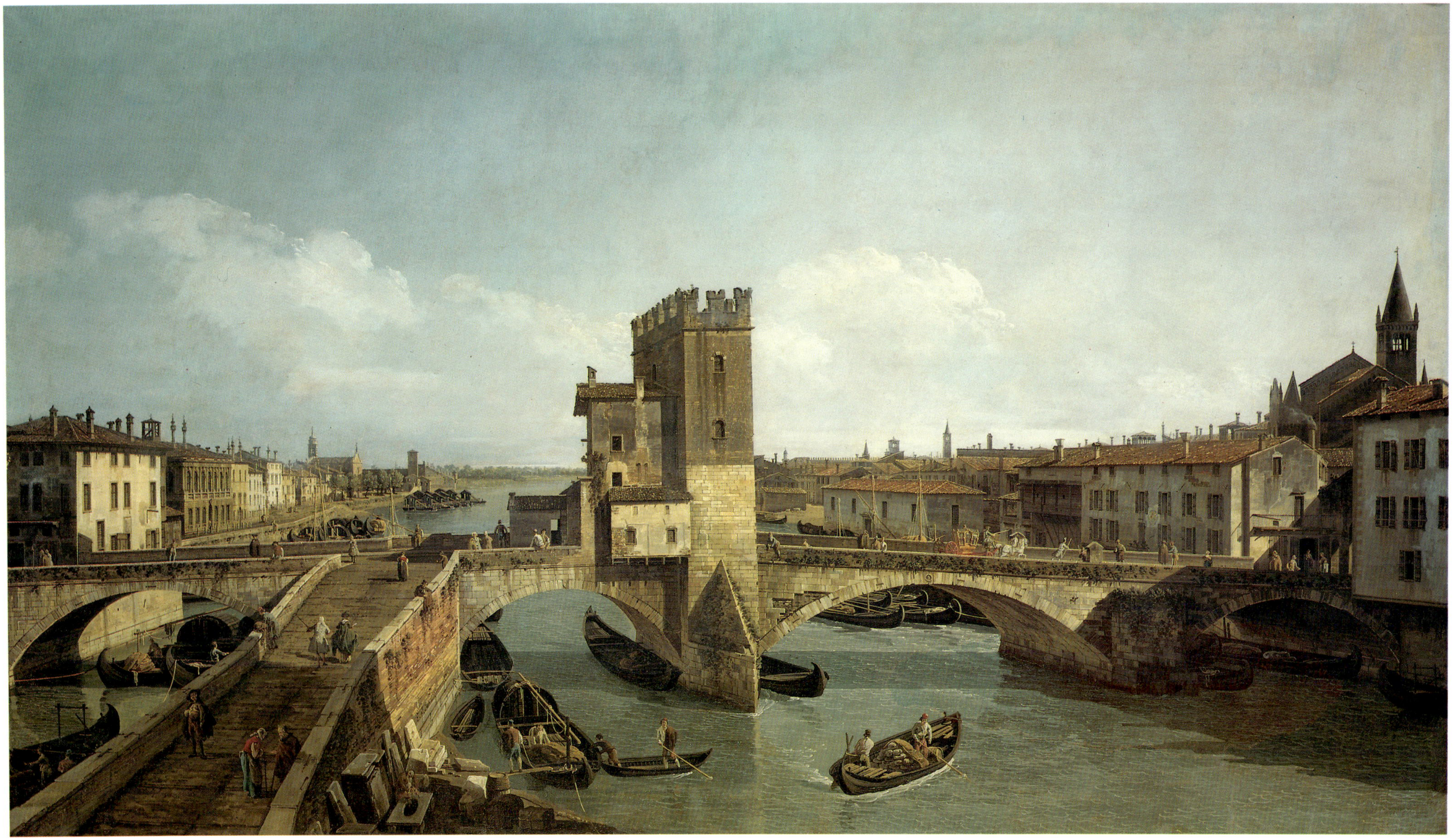

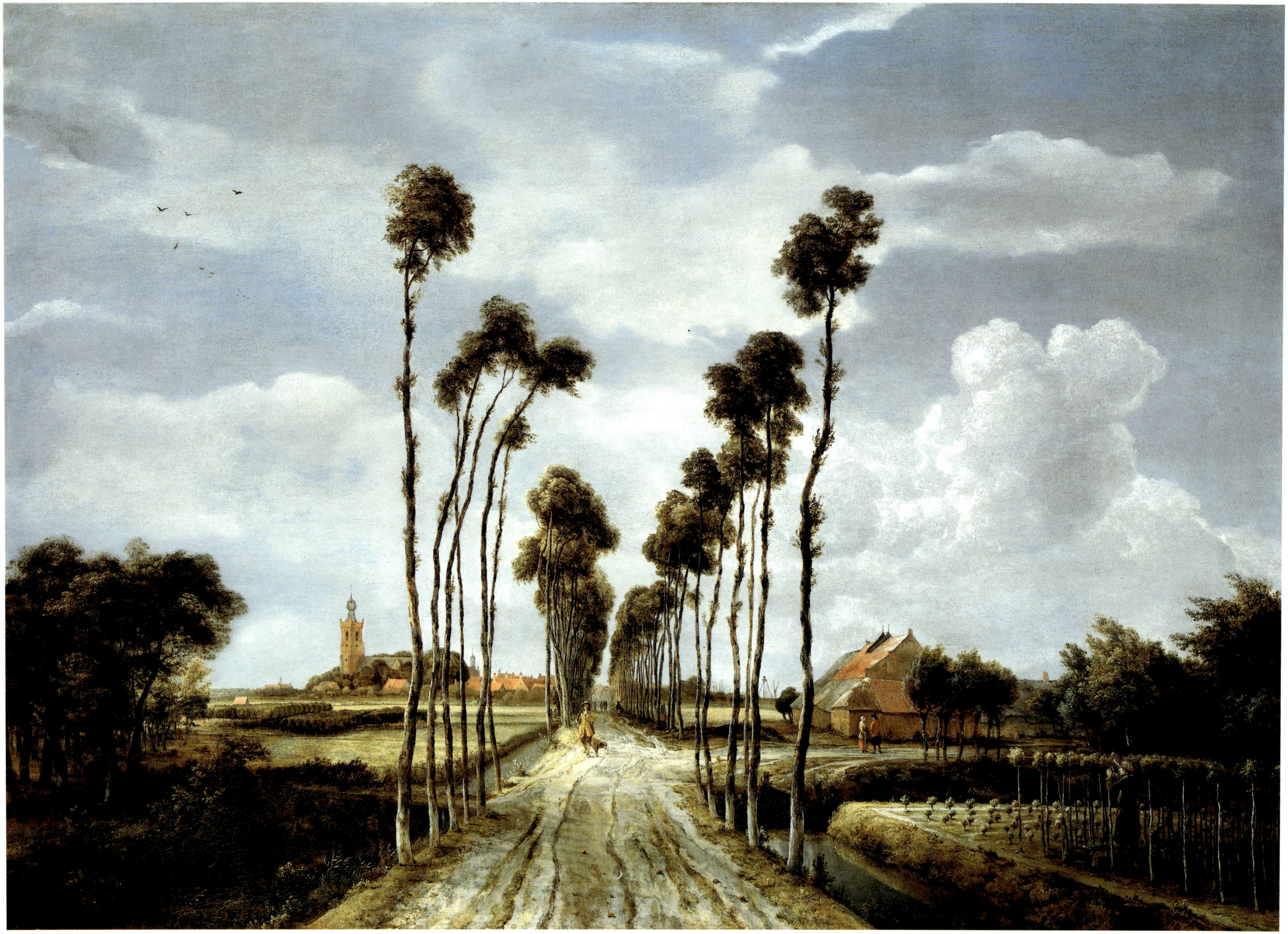

76

Seite 76:
Meindert Hobbema, Die Allee von Middelharnis. Vor 1682, Öl auf Leinwand, 103,5×141 cm. London, National Gallery
Ein Stadtbildnis durch ein perspektivisches Attribut unverwechselbar reiz- und eindrucksvoll gestaltet

Wilhelm Barth, Die Nikolaikirche in Potsdam. 1838, Öl auf Leinwand, 102×141 cm. Stiftung Schlösser und Gärten Potsdam-Sanssouci
Perspektivische Perfektion bei der Wiedergabe eines Architekturensembles

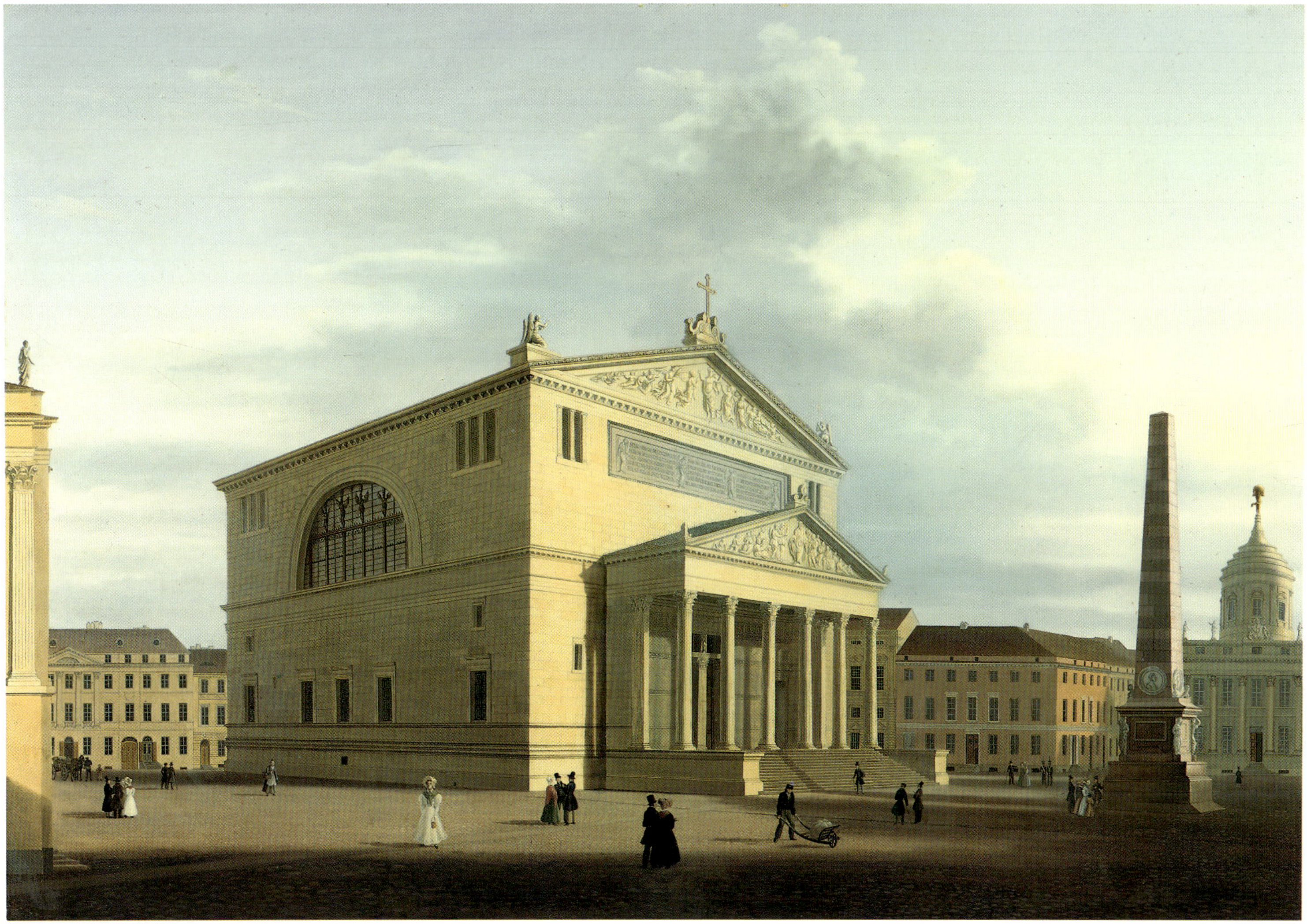

Seite 78:
Karl Friedrich Schinkel, Mittelalterliche Stadt an einem Fluß. 1815, Öl auf Leinwand, 94×140 cm. Berlin, Staatliche Museen Preußischer Kulturbesitz, Nationalgalerie, Schinkelmuseum
Architektur und Landschaft in dramatischer Pose – mit Farbperspektive bis zur Unendlichkeit

Seite 79:
Gustave Caillebotte, Paris, Place de Europe, Ein Regentag. 1877,
Öl auf Leinwand, 212,2×276,2 cm.
Chicago, The Art Institute, Charles H. and Mary F. S. Worcester Collection
Die Stimmung des hier fast fotografisch eingefangenen Augenblicks mit dem Spiel der Vordergrund-, Mittel- und Hintergrundfiguren, mit dem Ausdruck der differenzierten Farbigkeit, durchmischt mit den Reflexen der Regennässe – all das erhält zwei dominierende Akzente einmal mit der bildaxial stehenden Laterne, viel stärker aber noch durch die Fluchtlinien des keilförmigen Gebäudeumrisses.

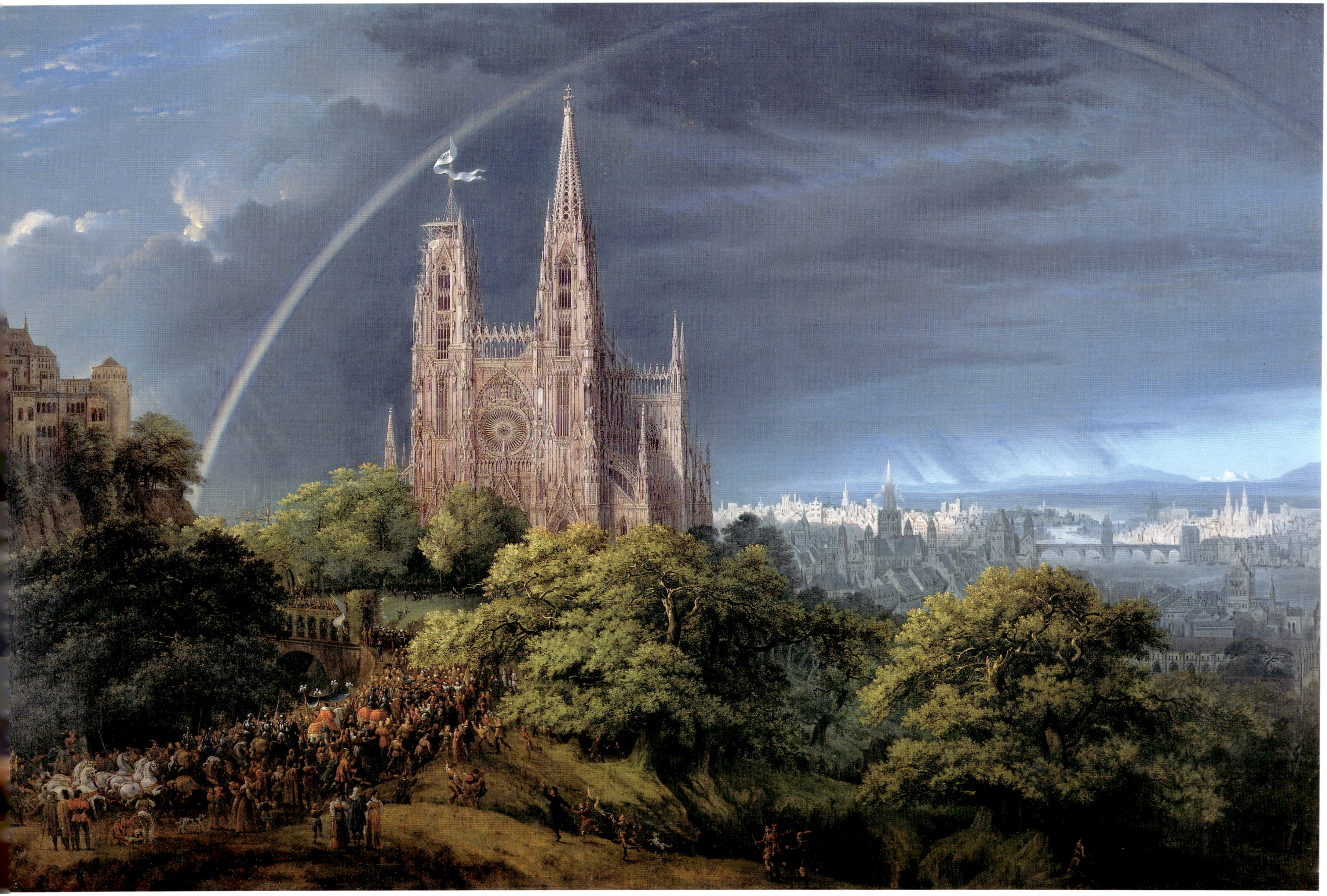

78

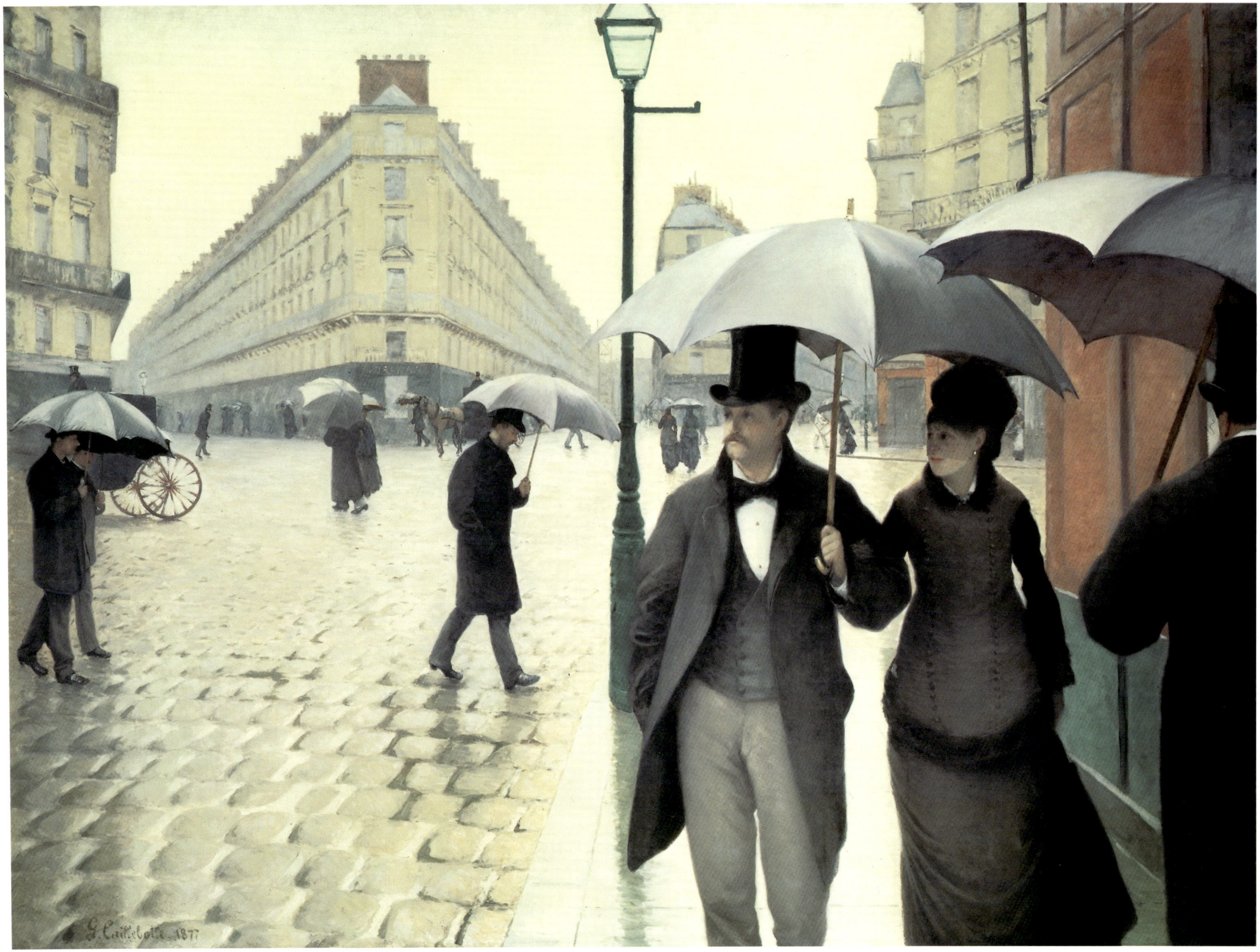
G. Caillebotte. 1877

Paul Cézanne, Die Brücke bei Maincy
(Le petit pont). 1879, Öl auf Leinwand, 60×73 cm.
Paris, Louvre.
Farbe und Form ohne fluchtende Linien

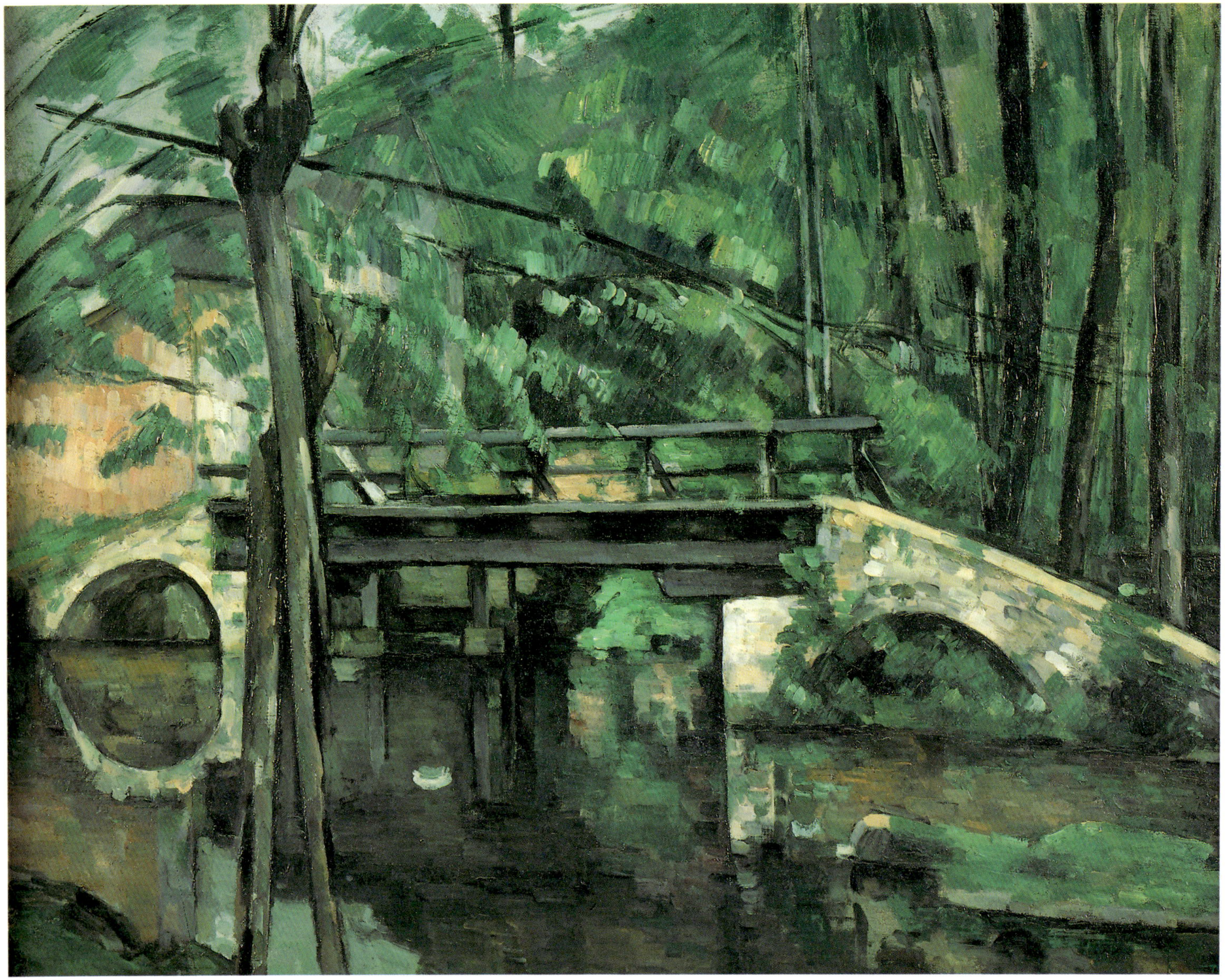

Paul Delvaux, Das Treppenhaus (L'Escalier). 1946,
Öl auf Leinwand, 122×152 cm.
Gent, Museum van hedendaagse Kunst
Hauptakteure sind hier die perspektivischen
Tiefenräume.

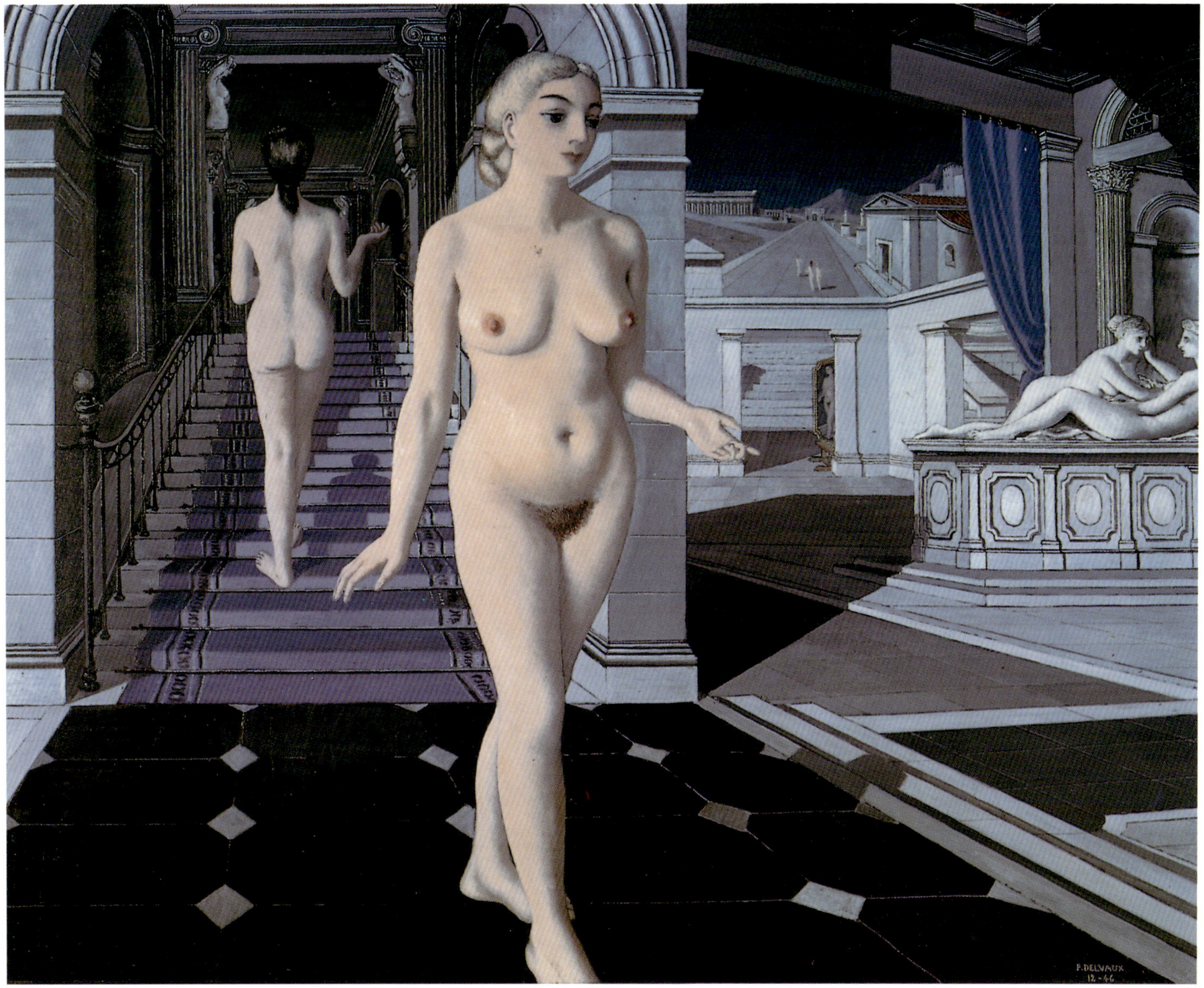

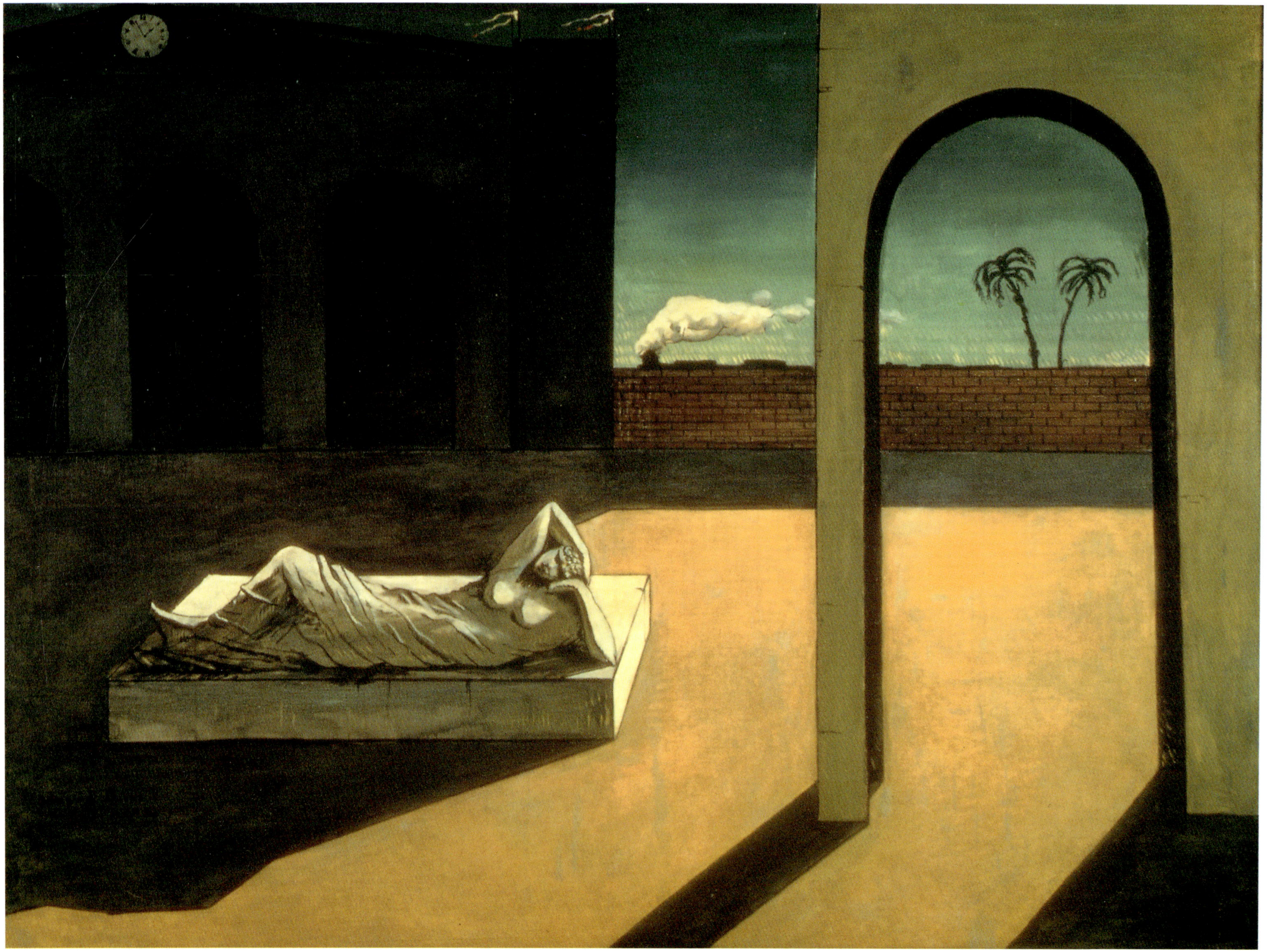

82

Seite 82:
Giorgio de Chirico, Der Lohn des Sehers. 1913,
Öl auf Leinwand, 136×181 cm.
Philadelphia, Museum of Art
Eine Körper- und Räumlichkeit, grob und archaisch, begleitet das Bildmotiv. Perspektivität wird hier zur Belanglosigkeit.

Salvador Dali, Raffaelskopf zerborsten. 1951,
Öl auf Leinwand, 43×33 cm.
Edinburgh, National Gallery of Modern Art
Die perspektivische Bildtiefe spielt hier – auch als Konstruktion – eine gewichtige Rolle.

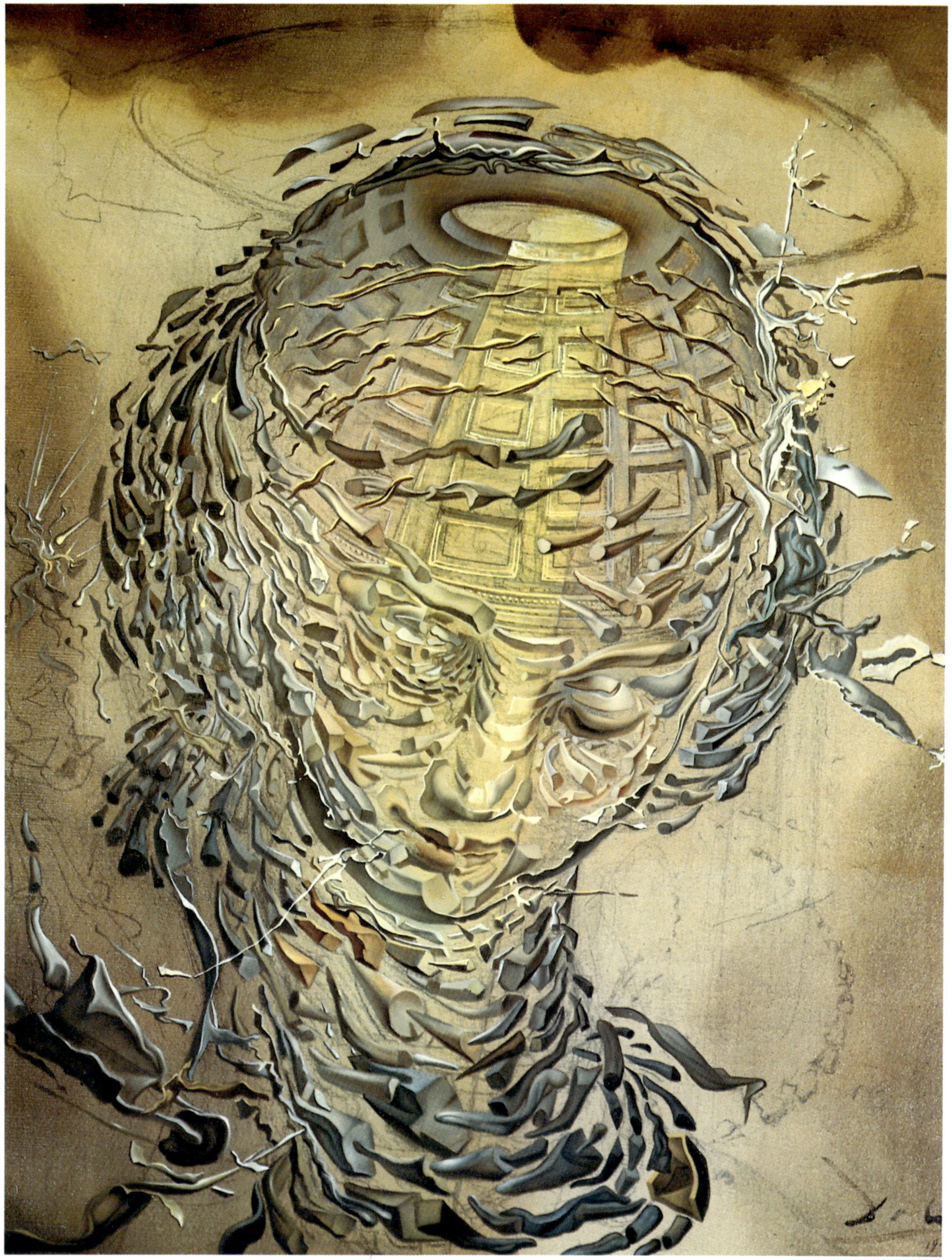

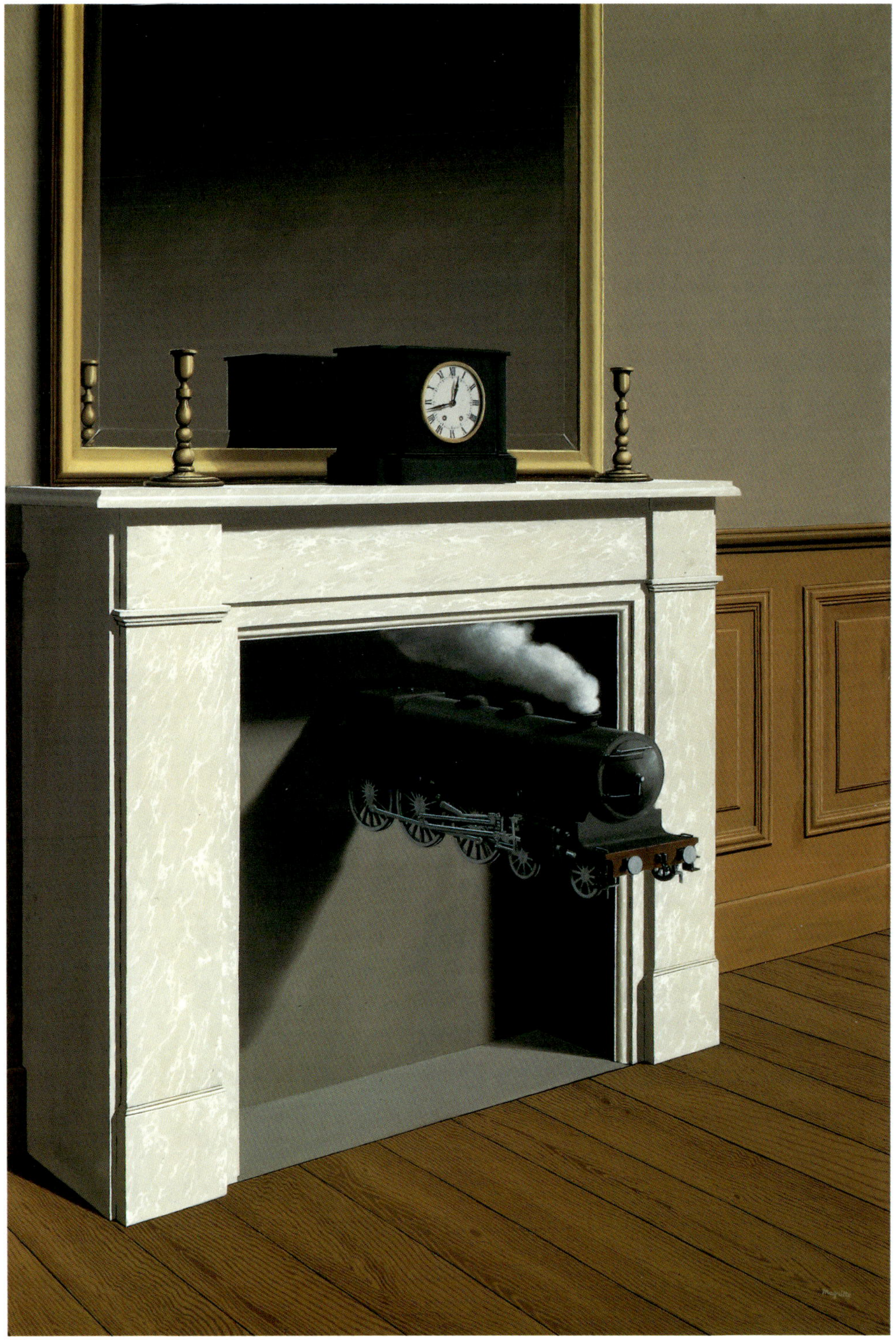

René Magritte, Die erdolchte Zeit
(A durée poignardé).
1939, Öl auf Leinwand, 146×97,5 cm.
Chicago, The Art Institute,
Joseph Winterbotham Collection
Akribische Perspektivität vertieft
den surrealen Bildausdruck.

Victor Vasarely, Vonal-Fegn. 1971, Tapisserie,
252×255 cm. Pécs, Vasarely Múzeum
Ein graphisches Spiel zum Thema Fläche und
Körperlichkeit – mehr Axonometrie als Perspektive

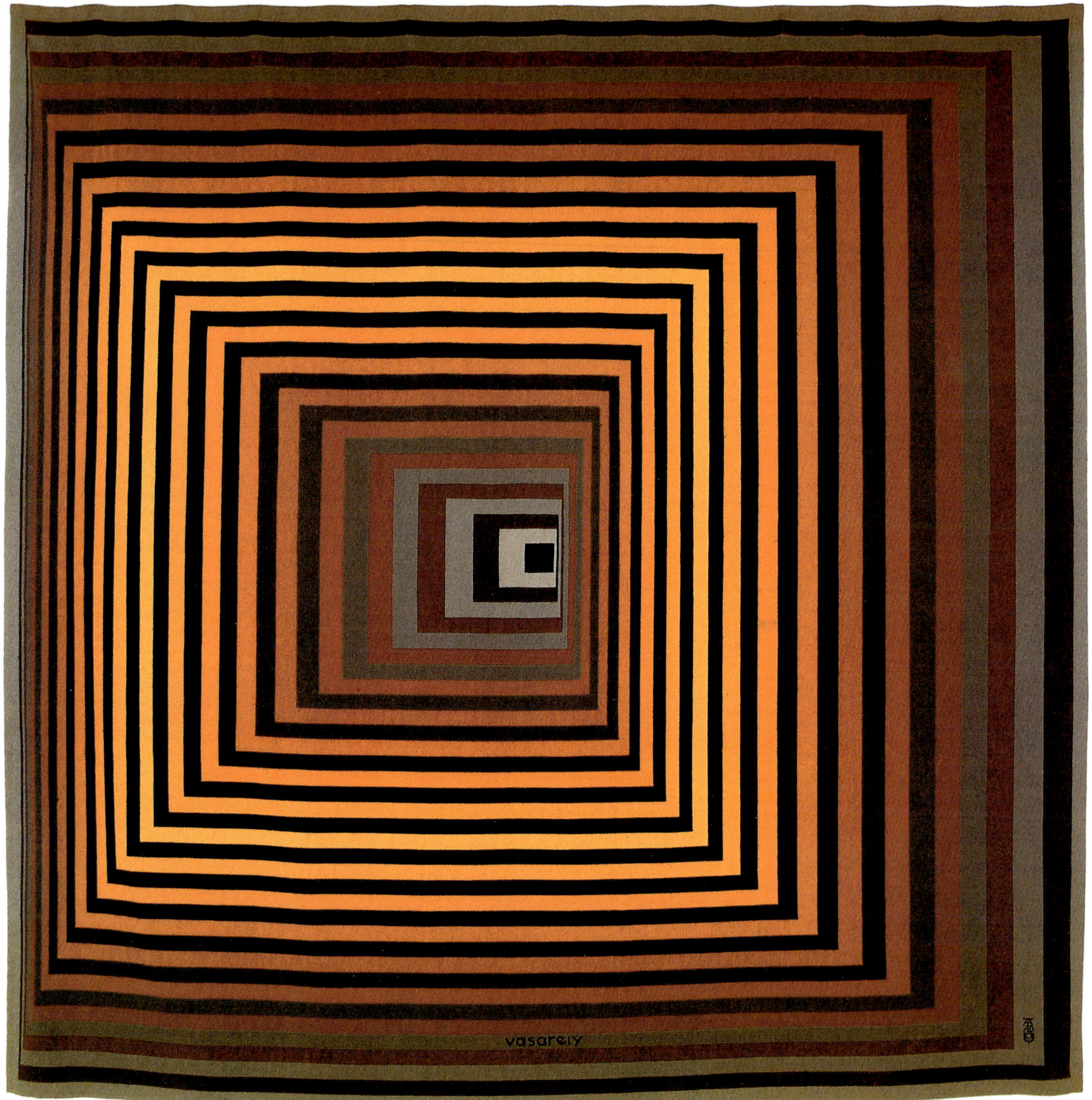

Rudolf Hausner, Laokoon in der Umlaufbahn. 1977.
Aachen, Ludwig Forum für Internationale Kunst
Gegenstand und Unendlichkeit des Raumes sind
vor allem farbperspektivisch erreicht.

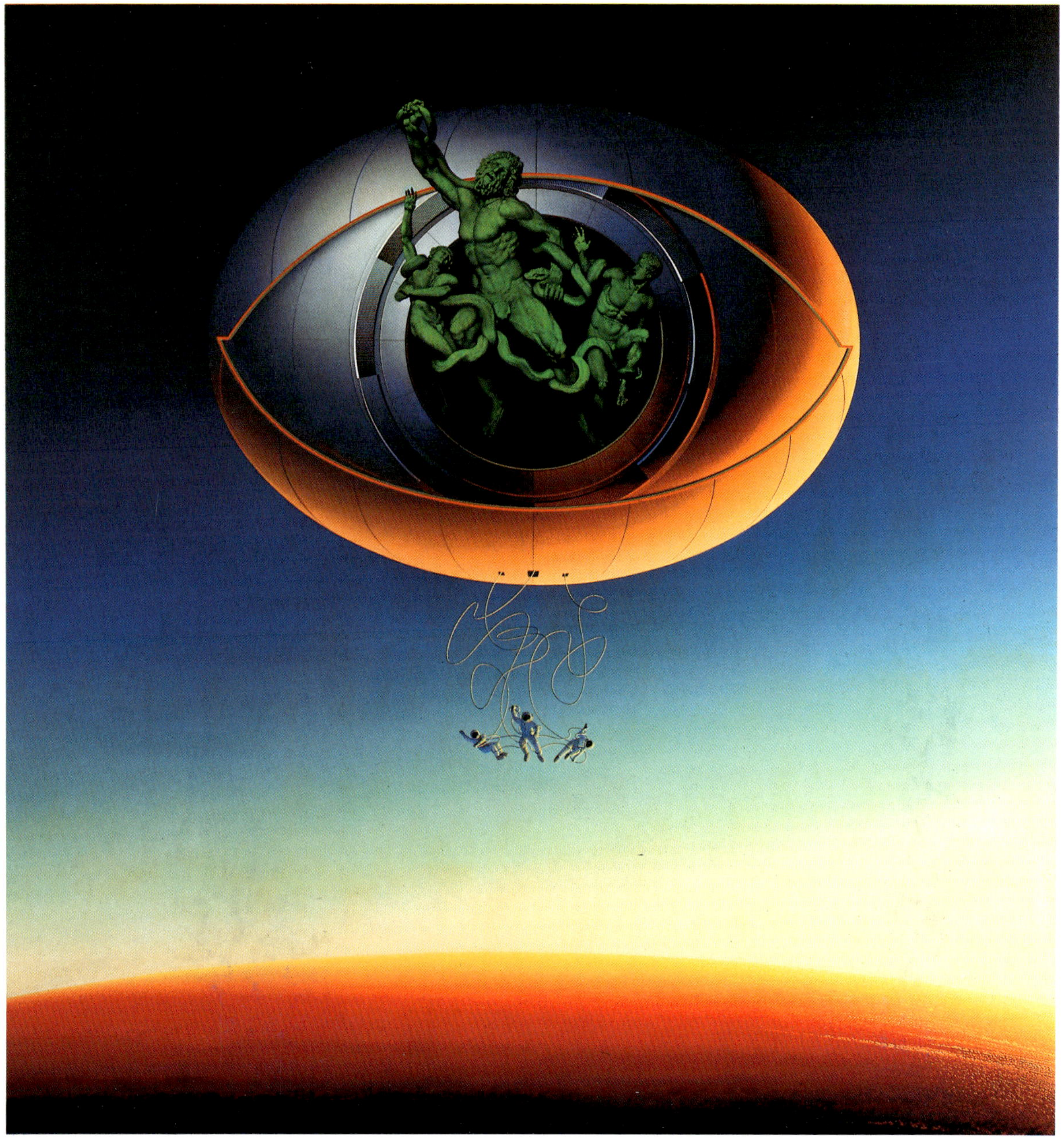

Roy Lichtenstein, Stilleben mit Netz, Muschel, Tau. 1972, Öl und Magna auf Leinwand, 152×243,5 cm. Köln, Museum Ludwig
Bildgraphisch von jeglicher Perspektivität frei, entsteht Raumtiefe durch die Logik von Gegenständen wie Vögel und Baumkrone in einer Fensteröffnung

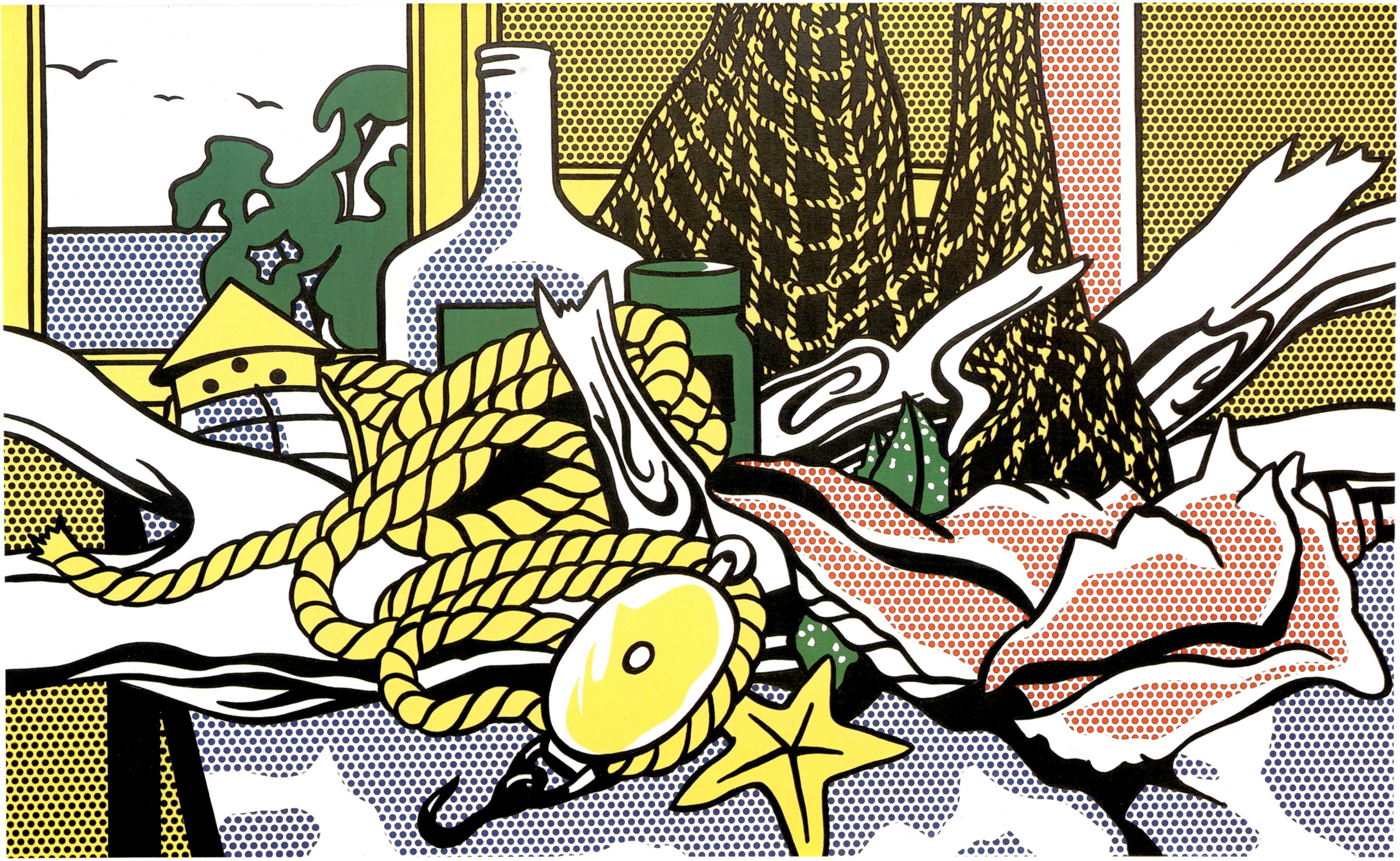

Tom Wesselmann, Bathtub No. 3. 1963,
Mixed media. Köln, Museum Ludwig
Verneinung der Perspektivität

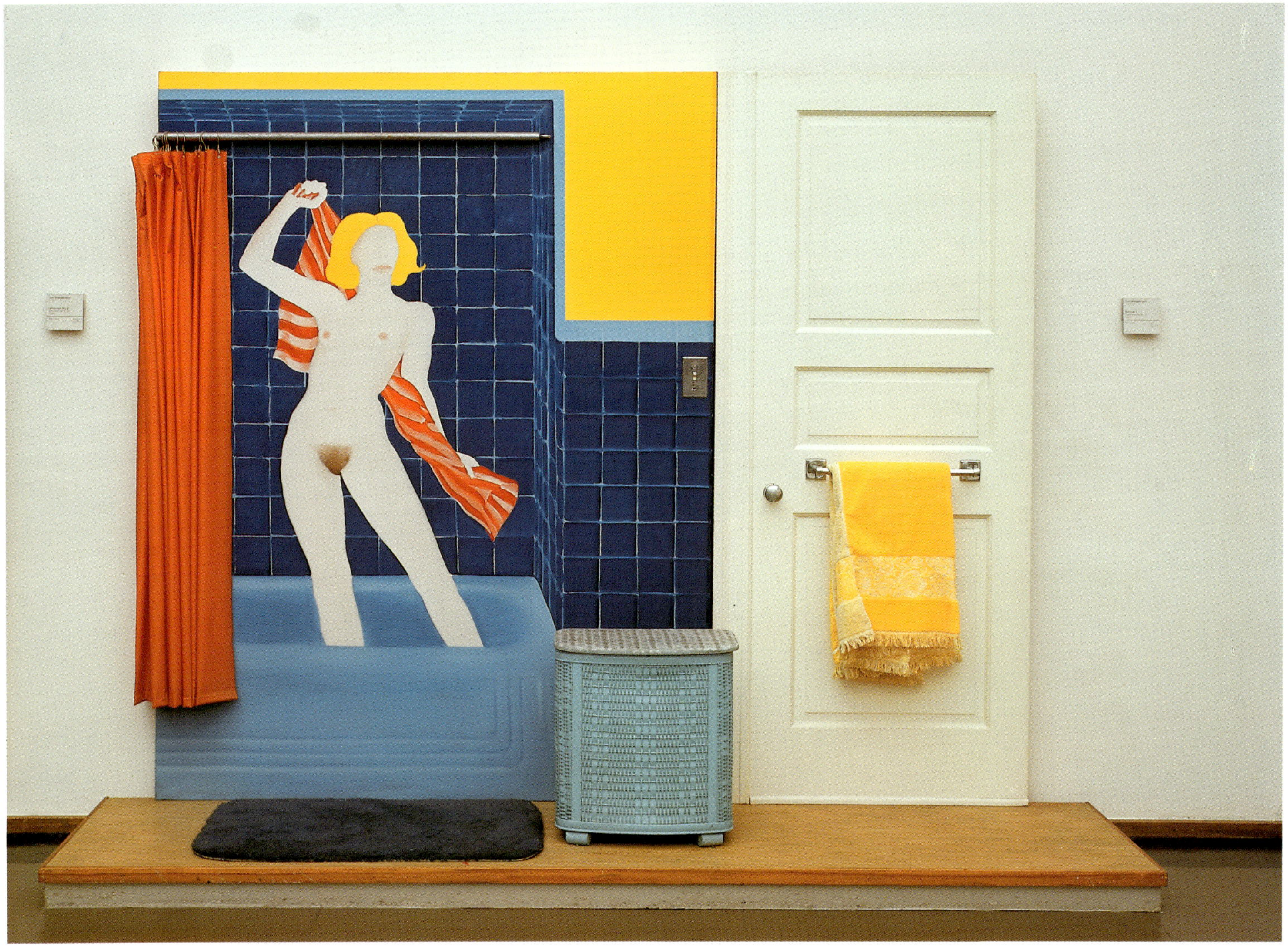

Literaturhinweise

Alberti, L. B.: De pictura. Drei Bücher über die Malerei / 1435 vollendet. Basel 1540

Almgren, A.: Die umgekehrte Perspektive und die Fluchtachsenperspektive. Uppsala 1971

Bandinelli, R. B.: Die römische Kunst. Dresden 1976

Bärtschi, A.: Perspektive. Ravensburg 1976

Batkin, L. M.: Die historische Gesamtheit der italienischen Renaissance. Dresden 1979

Boeck, W.: Die »Erfinder der Perspektive«. Repertorium für Kunstwissenschaften, Band 52. Berlin, Leipzig 1930

Bulle, H.: Untersuchungen an griechischen Theatern. München 1928

Bulle, H.: Eine Skenographie. Berlin, Leipzig 1934

Burckhardt, J.: Die Geschichte der Renaissance in Italien. 1867

Burckhardt, J.: Die Kultur der Renaissance in Italien. 1860

Champdor, A.: Die altägyptische Malerei. Leipzig 1957

Danielowski, F.: Ein Beitrag zur geschichtlichen Entwicklung der Kunst des projektiven Zeichnens ... Wiss. Zeitschrift der Hochschule für Architektur und Bauwesen Weimar. Weimar 1962

Eimerl, S.: Giotto und seine Zeit. Time-Life-International. 1973

Ernst, B.: Der Zauberspiegel des Maurits Cornelis Escher. Berlin 1986

Eschebach, H.: Pompeji. Leipzig 1984

Gosebruch, M.: Giotto und die Entwicklung des neuzeitlichen Kunstbewußtseins. Köln 1962

Hamann, R.: Geschichte der Kunst. Berlin 1955

Hauser, G.: Geometrie der Griechen. Luzern 1955

Heineken, P.: Ein heller Spiegel der Perspektive. Augsburg 1753

Jürss, F. u. a.: Die Geschichte des wissenschaftlichen Denkens im Altertum. Berlin 1982

Kern, G. J.: Die Anfänge der zentralperspektivischen Konstruktion in der italienischen Malerei des 14. Jahrhunderts. In: Mitteilungen des Kunsthistorischen Instituts in Florenz. Berlin 1912

Kern, G. J.: Die Entwicklung der zentralperspektivischen Konstruktion in der europäischen Malerei... Berlin 1937

König, M. E. P.: Am Anfang der Kultur. Frankfurt a. M., Berlin, Wien 1981

Lampert, I. H.: Freie Perspektive. Zürich 1759/74
Leemann, F.: Anamorphosen. Köln 1975
Lexikon der Renaissance. Leipzig 1989
Mastai, M. L. d`Otrange: Illusion in Art. New York 1975
Müller, R. u. a.: Kulturgeschichte der Antike. Berlin 1976
Oertel, R.: Die Frühzeit der italienischen Malerei. Stuttgart 1953
Panowsky, E.: Die Perspektive als »symbolische Form«. Aufsätze zu Grundfragen der Kunstwissenschaft. Berlin 1964
Patzelt, O.: Faszination des Scheins. Berlin 1991
Pélerin, J., gen. Viator: De artificiali perspectiva. 1505
Pozzo, A.: Perspectiva pictorum et architectorum. 2 Teile, 1693-1698. Reprint. Hildesheim 1981
Rud, E.: Giorgio Vasari - Vater der europäischen Kunstgeschichte. Stuttgart 1964
Rembold, J. C. (Hrsg.): Perspectiva practica... Augsburg 1710
Rodler, H.: Perspectiva. Frankfurt a. M. 1546
Rüdiger, W.: Die Welt der Renaissance. München, Wien, Basel 1970
Sabbatini, N.: Pratica di fabricar scene. Pesaro 1637, Weimar 1926
Schäfer, H.: Von altägyptischer Kunst. Wiesbaden 1957
Schober, H., und Renschler: Das Bild als Schein der Wirklichkeit. München 1972
Schröder, E.: Dürer - Kunst und Geometrie. Berlin 1980
Schüling, H.: Geschichte der Linearperspektive... In: Schriften zur Ästhetik und Kunstwissenschaft. Gießen 1975 (Bibliographie 1870 bis 1970 mit 630 Titeln)
Taylor, B.: Linear perspective. London 1715
Vasari, G.: Künstler der Renaissance. Leipzig 1944
Willikens, B.: Metaphysik des Raumes. Stuttgart 1985
Worringer, W.: Abstraktion und Einfühlung. Leipzig, Weimar 1981
Wright, L.: Perspective in perspective. London 1983

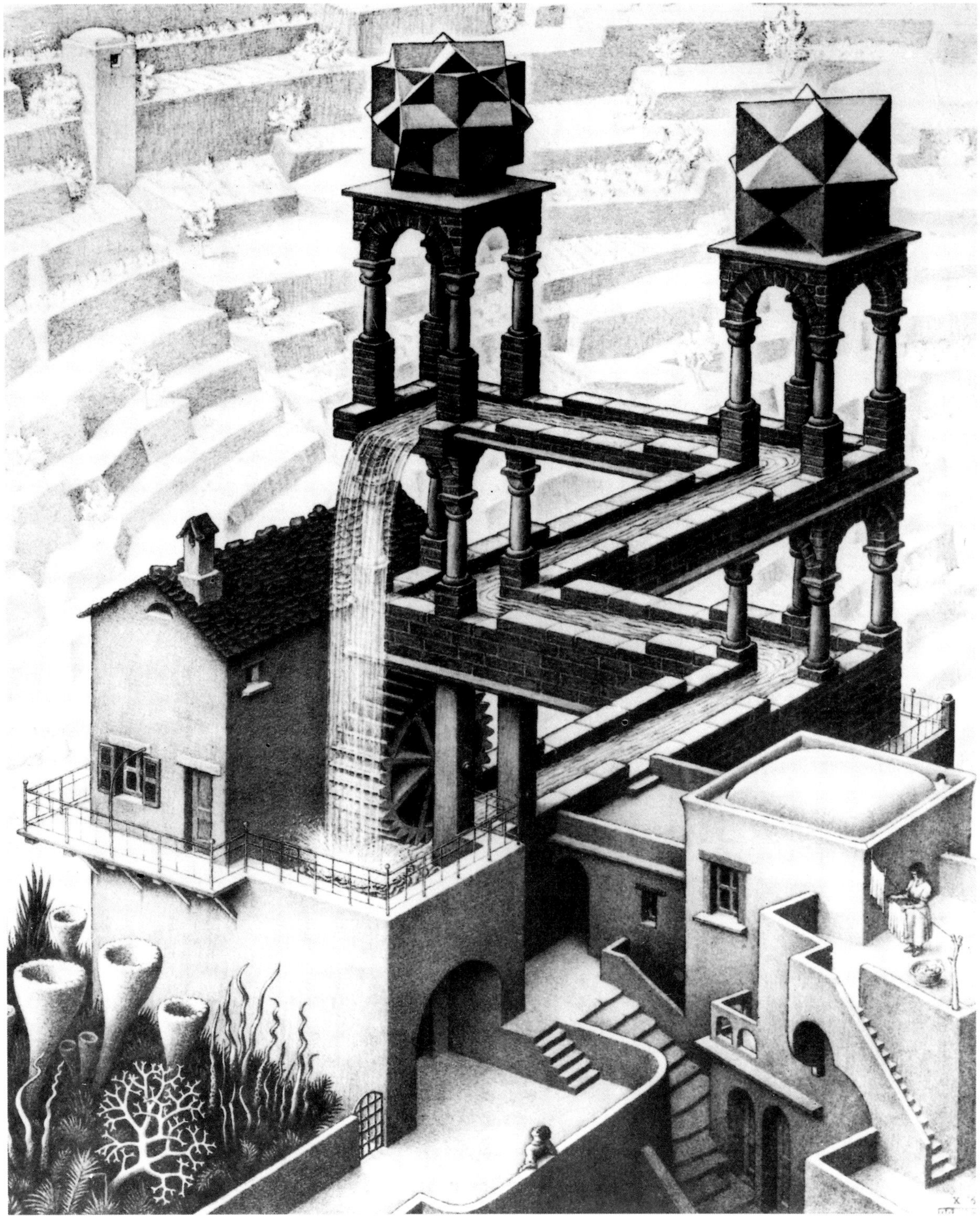

Maurits Cornelis Escher, Wasserfall. 1961,
Zeichnung
Die eigenwillige Darstellung des Unrealen;
das Widersinnige im Bild glaubhaft zu machen

Register

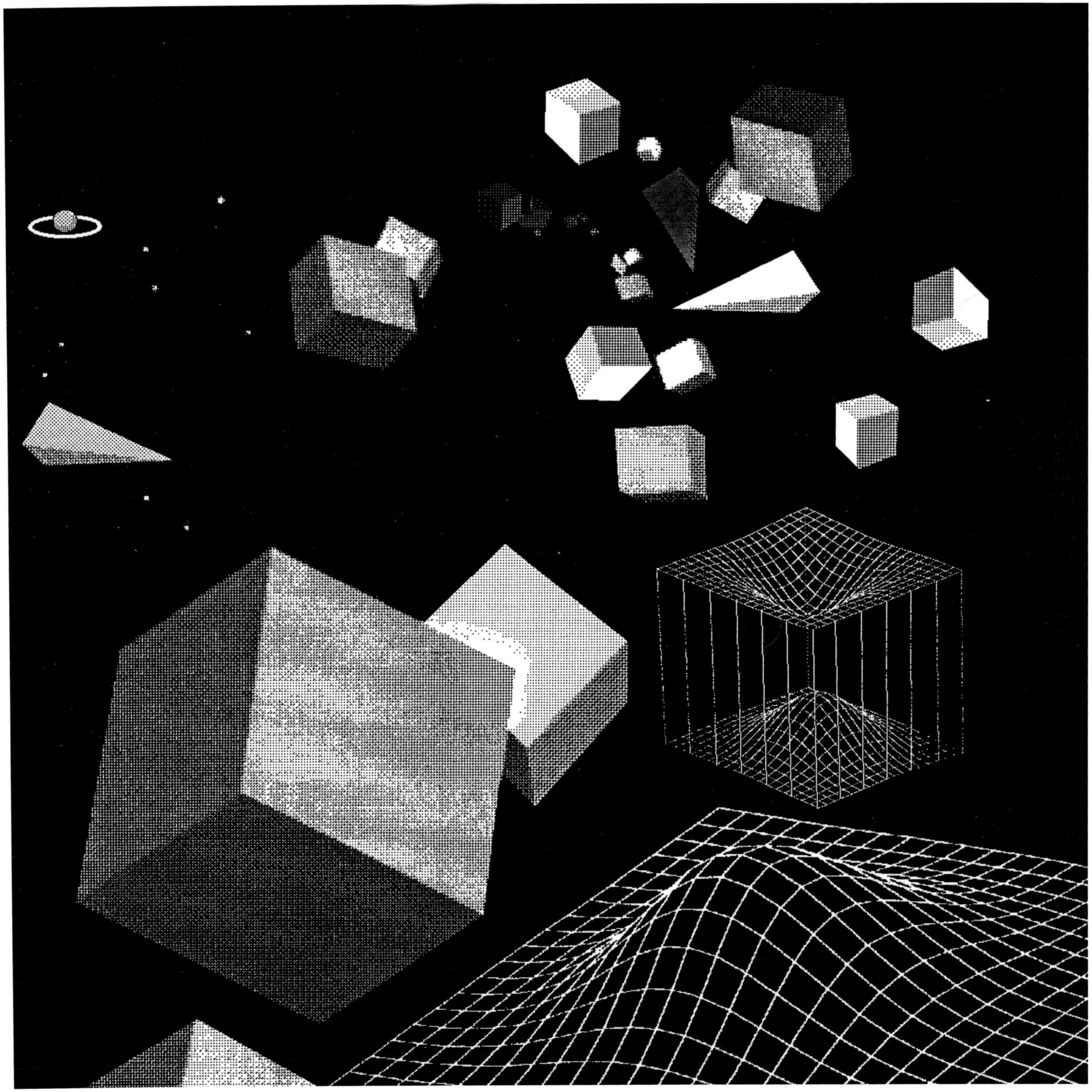

Christoph Geyer, Computer-Perspektive. 1991
Ein Körper-Raum-Spiel mit der simulierbaren Dreidimensionalität

Bildnachweis

Alinari, Florenz 35
Archiv für Kunst und Geschichte, Berlin 8
Badisches Landesmuseum Karlsruhe 52
Benediktinerkloster Neresheim (Wolf-Christian von der Mülbe, Dachau) Umschlagvorderseite
Bildarchiv Foto Marburg 12 (o.), 53 (o.)
Bildarchiv Preußischer Kulturbesitz, Berlin 43, 47 (o.), 49, 50, 50, 57, 78
British Library/British Museum, London 22
Cliché Paul Bijtebier, Uccle-Bruxelles 29
Cordon Art B. V., Baarn/Holland 91
Cosmopress, Genf 62
E. A. Seemann, Leipzig 36 (o.), 37, 42, 59, 60
Fielitz, M., Berlin (Repro) 46
Foto Peukert, Eisenhüttenstadt 56
Germanisches Nationalmuseum, Nürnberg 65
Geyer, Bernhard, Berlin 12 (u.), 13, 30, 36 (M., u.), 39, 41, 51 (u.), 53 (u.)
Geyer, Christoph, Berlin 2, 95
Grübler, Gerda, Berlin (Repro) 10, 18, 23, 33, 38, 51 (o.), 55
Hessisches Landesmuseum Darmstadt 40
Louvre, Paris 80
Ludwig Forum für Internationale Kunst, Aachen 86
Martin von Wagner-Museum, Würzburg 21
Museum of Art, Philadelphia 82
Museum van hedendaagse Kunst, Gent 81
National Galleries of Scotland, Edinburgh 83
National Gallery London 58, 76
Photo Reunion des Musées Nationaux, Paris 24
Pinacoteca di Brera, Milano 34
Rheinisches Bildarchiv, Köln 87, 88
Sächsische Landesbibliothek, Abt. Deutsche Fotothek, Dresden 17, 44, 45, 47 (u.)
Scala, Florenz 25, 27, 28, 32, 66, 68, 73
Schmidt, E., Berlin (Repro) 16, 48, 54
Staatliche Galerie Moritzburg, Halle/Saale (Hentze) 63
Staatliche Kunstsammlungen, Dresden 71, 74, 75
Statens Museum for Kunst, Kopenhagen 72
Stiftung Schlösser und Gärten Potsdam-Sanssouci 77
The Art Institute of Chicago 79, 84
Vasarely-Muzeum, Pècz 85
Virginia Museum of Fine Art, Richmond/USA 69
Wadsworth Atheneum, Hartford/Conn. 70
Willikens, Ben, Stuttgart Umschlagrückseite